"十四五"职业教育国家规划教材

职业院校汽修专业通用教材
项目驱动、任务引领型教材

QI CHE FA DONG JI GOU ZAO YU CHAI ZHUANG

（微课版）

汽车发动机构造与拆装

上海景格科技股份有限公司 编

华东师范大学出版社
·上海·

图书在版编目(CIP)数据

汽车发动机构造与拆装/上海景格科技股份有限公司编. —上海:华东师范大学出版社,2018
ISBN 978-7-5675-7664-3

Ⅰ.①汽… Ⅱ.①上… Ⅲ.①汽车-发动机-构造-职业教育-教材②汽车-发动机-装配(机械)-职业教育-教材 Ⅳ.①U464

中国版本图书馆 CIP 数据核字(2018)第 108775 号

汽车发动机构造与拆装

编　　者　上海景格科技股份有限公司
项目编辑　李　琴
审读编辑　戎甘润
责任校对　朱　鑫
装帧设计　庄玉侠

出版发行　华东师范大学出版社
社　　址　上海市中山北路 3663 号　邮编 200062
网　　址　www.ecnupress.com.cn
电　　话　021-60821666　行政传真 021-62572105
客服电话　021-62865537　门市(邮购)电话 021-62869887
地　　址　上海市中山北路 3663 号华东师范大学校内先锋路口
网　　店　http://hdsdcbs.tmall.com

印 刷 者　上海展强印刷有限公司
开　　本　787 毫米×1092 毫米　1/16
印　　张　19
字　　数　411 千字
版　　次　2018 年 8 月第 1 版
印　　次　2025 年 6 月第 9 次
书　　号　ISBN 978-7-5675-7664-3/G·11081
定　　价　44.80 元

出版人　王　焰

(如发现本版图书有印订质量问题,请寄回本社客服中心调换或电话 021-62865537 联系)

内容简介
NEIRONGJIANJIE

  本教材根据职业教育理实一体化课程改革的指导思想,强调以实践为主,理论为辅,筛选典型的工作任务,选取最贴近生产实际的案例设计课程内容,让学生在做中掌握解决问题的方法和技能,是汽车运用与维修专业理实一体化项目课程教材。

  本教材以汽车发动机构造与拆装为内容,主要包括:工具使用及安全准则、发动机总成认识、曲柄连杆机构结构与拆装、配气机构结构与拆装、冷却系统构造与拆装、润滑系统构造与拆装、汽油机燃油供给系统构造与拆装、发动机总成拆卸与安装8个典型项目。

  本教材主要供职业院校汽车运用与维修等专业教学使用,还可以作为汽车维修人员和汽车技术爱好者的自学用书。

前言
QIANYAN

　　党的二十大报告指出"加快建设制造强国、质量强国、航天强国、交通强国、网络强国、数字中国",汽车产业是交通强国的重要组成部分,近几年汽车销售量不断提升,2022年我国汽车保有量达到3.02亿辆。按照一般数据统计,汽车保有量与后市场维修服务技术人员比例约为30∶1,根据我国汽车保有量的增长数据推算,至2030年前我国每年新增汽车维修类技能人才需求应在30万人以上,汽车后市场的技术技能人才需求量持续增加。职业教育承担为社会培养知识和能力兼备的技术技能型人才的重要任务,汽车技能型人才持续培养输出成为职业教育汽车相关专业建设的重要一环。本系列教材在汽车产业人才培养过程中将以市场为导向,以实践为驱动,旨在培养出高标准、高职业技能、高职业素养的优秀复合型人才。

　　根据《国家中长期教育改革和发展规划纲要》的精神,为了推进职业教育课程改革和教材建设进程,我们将理实一体化课程改革理念作为职业教育课程改革的主导理念,以工作任务为课程设置与内容选择的参照点,以任务为单位组织内容并以任务活动为主要学习方式,编写汽车运用与维修专业的系列课程教材。本教材既是汽车各专业必修的核心课程教材之一,也是上述系列课程教材之一。

　　本系列课程教材与项目课程教学软件的设计和编制同步进行,是任务课程教学软件的配套教材。

　　本项目课程教材的主要特色有:
　　1. 课程强调以实践为主,理论为辅。
　　2. 以能力为本位,以就业为导向,面向最贴近生产实际的教学任务。
　　3. 体现做中学的教学理念。

4. 目的在于教会学生对汽车故障现象的判断能力,表现为:①会做;②掌握为什么这样做。

5. 以职业院校覆盖面较广的丰田卡罗拉车型教具为范例,以车间典型工作任务为教学内容,教会学生完成任务所需的知识与技能,其他车型车系可举一反三。

6. 课程设计采用文字、图像、动画,以及视频、虚拟仿真等多媒体教学形式,形成纸质教材、教学 PPT、教学资源包、虚拟仿真软件相互配套的课程包。

本课程是校企合作共同开发的课程,适应各地职业院校汽车运用与维修等专业教学,希望各校在选用本项目课程教材实施教学的过程中,及时提出意见和建议,以便我们在修订时改正和完善。

编者

2018.08

目　录

项目一　工具使用及安全准则 ··· 1
项目导入 ·· 1
学习目标 ·· 2
学习任务 ·· 2
　　学习任务 1　实训场地与 6S 管理 ································· 3
　　学习任务 2　举升机、翻转架安全操作 ························· 15
　　学习任务 3　拆装工具选用及要求 ································· 26

项目二　发动机总成认识 ··· 39
项目导入 ·· 39
学习目标 ·· 40
学习任务 ·· 40
　　学习任务　认知汽车发动机总成 ································· 41

项目三　曲柄连杆机构结构与拆装 ····································· 57
项目导入 ·· 57
学习目标 ·· 58
学习任务 ·· 58
　　学习任务 1　认知曲柄连杆机构 ································· 59
　　学习任务 2　气缸盖和气缸垫拆装 ······························ 63
　　学习任务 3　油底壳拆装 ·· 72
　　学习任务 4　活塞连杆组拆装 ······································· 77
　　学习任务 5　曲轴飞轮组拆装 ······································· 89
学习拓展 ·· 102

项目四　配气机构结构与拆装 ··· 105
项目导入 ·· 105
学习目标 ·· 106
学习任务 ·· 106
　　学习任务 1　认知配气机构 ·· 107

　　　　学习任务 2　正时链条拆装 ……………………………………… 111
　　　　学习任务 3　凸轮轴拆装 …………………………………………… 124
　　　　学习任务 4　气门组拆装 …………………………………………… 131
　　学习拓展 ………………………………………………………………… 141

项目五　冷却系统构造与拆装 ………………………………………… 147

　　项目导入 ………………………………………………………………… 147
　　学习目标 ………………………………………………………………… 148
　　学习任务 ………………………………………………………………… 148
　　　　学习任务 1　认知冷却系统 ………………………………………… 149
　　　　学习任务 2　电子风扇和散热器拆装 ……………………………… 154
　　　　学习任务 3　水泵和节温器拆装 …………………………………… 173
　　学习拓展 ………………………………………………………………… 182

项目六　润滑系统构造与拆装 ………………………………………… 187

　　项目导入 ………………………………………………………………… 187
　　学习目标 ………………………………………………………………… 188
　　学习任务 ………………………………………………………………… 188
　　　　学习任务 1　认识润滑系统 ………………………………………… 189
　　　　学习任务 2　机油滤清器拆装 ……………………………………… 193
　　　　学习任务 3　机油泵拆装 …………………………………………… 201
　　学习拓展 ………………………………………………………………… 212

项目七　汽油机燃油供给系统构造与拆装 …………………………… 217

　　项目导入 ………………………………………………………………… 217
　　学习目标 ………………………………………………………………… 218
　　学习任务 ………………………………………………………………… 218
　　　　学习任务 1　认知汽油机燃油供给系统 …………………………… 219
　　　　学习任务 2　电动燃油泵拆装 ……………………………………… 224
　　　　学习任务 3　喷油器拆装 …………………………………………… 238
　　　　学习任务 4　汽油滤清器拆装 ……………………………………… 246

项目八　发动机总成拆卸与安装 ……………………………………… 257

　　项目导入 ………………………………………………………………… 257
　　学习目标 ………………………………………………………………… 258
　　学习任务 ………………………………………………………………… 258
　　　　学习任务 1　发动机总成拆卸 ……………………………………… 259
　　　　学习任务 2　发动机总成安装 ……………………………………… 274

项目一 工具使用及安全准则

项目导入

汽车维修工具是汽车维修必备的物质条件,做好维修前的工具、工位、设备的准备工作,有助于汽车维修工作人员快速准确地选择合适工具,节约维修时间,提高工作效率。同时,还有利于车间6S安全生产工作的管控和推进。对汽车维修企业来讲,具有重要的意义。

本项目主要介绍汽车维修对实训场地的要求、汽车维修企业6S管理、汽车维修拆装工具的选用及要求。

学习目标

素养目标
- 了解安全操作要求,养成安全文明操作的习惯。
- 养成组员之间互相协作的习惯。
- 实施操作结束后,清洁工具,并将工具设备归位,清洁场地。

技能目标
- 规范地使用汽车维修中的常用工具、量具、设备器材。
- 按照汽车维修 6S 标准规范流程,做好汽车维修前的准备工作。

知识目标
- 能够描述汽车维修工作安全的要求。
- 能够描述汽车维修企业 6S 管理的内容与要求。

学习任务

学习任务 1
- 活动实训场地与 6S 管理

学习任务 2
- 举升机、翻转架安全操作

学习任务 3
- 拆装工具选用及要求

学习任务 1　实训场地与 6S 管理

任务目标
◎ 掌握汽车售后服务过程中,车间维修的安全作业要求及具体事项。
◎ 知道汽车维修企业中推行 6S 管理的目的和作用,并掌握 6S 现场管理的具体内容。
◎ 在实操任务学习中,能执行 6S 标准操作规范,并养成高标准的职业素养。

学习重点
◎ 6S 管理的实施及其注意事项。

知识准备

(一) 汽车维修工作安全内容与要求

安全是做好一切工作的重要前提。在汽车维修过程中,维修人员的人身安全要得到全方位的保护,尤其要能预见到可能的伤害。通过严格的安全制度、规范的操作流程、完善的劳动纪律来保证维修人员的安全,做到安全第一,预防为主,培养维修人员安全操作的习惯。

1. 场地安全设施

● **配备消防设施**

汽车维修车间的电气设备比较多,电路纷繁复杂,是一个易发生火灾的地方。汽车维修车间应配备消防设施,同时应注意消防器材的保养与维护,若所配置的灭火器已失效或已到报废年限,必须及时更换。

● **粘贴安全标示标志**

一般汽车维修车间的设备和墙壁等处都贴有各类安全警示标志,主要有禁止类标志和警示类标志两种。这些安全标示标志提醒维修人员在使用机械、电器等设备时,应注意安全,避免造成人身伤害或是设备损坏。

（1）禁止类标志是提醒人们不允许做的事，见图1-1。

图1-1 汽车维修厂常见禁止标志

（2）警示类标志是提醒人们在工作时要注意的内容，见图1-2。

图1-2 汽车维修厂常见警告和警示标志

- **设立有害物质集中收集地点**

  汽车修理作业过程中会产生废油、废液等有害物质。为了做好安全工作，在汽车维修车间应设立废油、废液、废蓄电池、废轮胎及垃圾等有害物质的集中收集地点，且收集地点存储区域应该有隔离、控制措施。

- **安装废气排放净化装置**

  在汽车维修作业过程中，车辆会排出一氧化碳、碳氢化合物等有害气体，这些有害气体对环境和维修人员的身心健康会造成巨大危害。为消除这些有害气体,涂漆车间应设立废气排放净化及处理设施,采用干打磨工艺的,应有粉尘收集装置;涂漆车间还应有通风设备;调试车间或工位应设立汽车废气收集、净化装置。

2. 汽车维修作业安全

- **使用汽油的安全规则**

(1) 维修车间和场地必须充分通风。

(2) 修理汽油箱前,应用专用溶液或水清除油箱内的残余油气。但在清洗时不得吸烟,不得在旁边烘烤零件或点燃喷灯。

(3) 应尽量避免用嘴吹、吸汽油管和燃料系孔道。

(4) 存放汽油的地方和油桶应标明"易燃"字样。

(5) 废油应倒入指定废油桶收集,不得随地倒流或倒入排水沟内,防止废油污染,见图1-3。

图 1-3 禁止吸烟和随地倒流废弃液

- **起动发动机时的安全规则**

(1) 发动机发动前应首先检查各部位的装配工作是否已全部结束,油底壳内的机油、散热器的冷却水是否加足;变速杆是否处于空挡;并拉紧手制动器。

(2) 被调试发动机,应具有完好的起动装置。

(3) 在工厂里调试发动机时,应打开门窗,使空气畅通,并尽可能将排气管排放的废气接出室外。

(4) 发动机起动后,应及时检查各仪表工作是否正常。

(5) 在发动机运转中,操作者要防止风扇叶片伤人;发动机过热时,不得打开水箱盖,谨防沸水喷出烫伤操作人员;汽车路试后进行底盘检修时,要防止被排气管烫伤。

- **车下工作安全规则**

(1) 正在维修的汽车,应挂"正在维修"的牌子。如不是修制动系,应拉紧手制动器并用三角木垫好车轮。

(2) 用千斤顶顶车进行底盘作业时,千斤顶要放平稳,人应在车的外侧位置,并应事先准备好架车工具(架车凳子),严禁用砖头等易碎物品垫车,同时严禁单纯用千斤顶顶起车辆在车底作业。

（3）不能在用千斤顶顶起的已卸去车轮的汽车下工作。用千斤顶放下汽车时,打开液压开关动作要慢,打开前应观察周围是否有障碍物。

（4）在调试发动机时,不得在车下工作。

- **蓄电池使用的安全规则**

（1）蓄电池应轻搬轻放,不可歪斜,以防电解液泼出腐蚀人体皮肤和衣服。如溅到皮肤,应立即用清水冲洗。

（2）检查电解液密度和电解液液面高度时,不要将仪器提得过高,以免电解液滴溅在人体或其他物体上。

（3）禁止将油料容器及各种金属物放在蓄电池壳体上。

（4）在配置电解液时,应使用陶瓷或玻璃容器,将硫酸慢慢地倒入水中,绝对禁止将水倒入硫酸中。

3. 维修工具使用安全

正确地选用工具对汽车维修来说极其重要。但很多维修技术人员不太重视工具的使用方法,使用扳手、钳子等通用工具不规范,导致不能顺利完成维修工作。

维修工具使用时应注意:

（1）工作前应检查所使用工具是否完好。施工时工具必须摆放整齐,不得随地乱放,工作后应将工具清点检查并擦干净,按要求放入工具车或工具箱内。

（2）拆装零部件时,必须使用合适工具或专用工具,不得大力蛮干,不得用硬物手锤直接敲击零件。所有零件拆卸后要按顺序摆放整齐,不得随地堆放。

（3）做类似于电焊等发出强烈的光从而刺激维修工作人员眼睛的工作时,维修人员在维修时应使用相应的保护工具(如:配戴电焊护镜)。

4. 用电安全

在车辆的拆装过程中,常常会用一些电气设备来代替繁重的体力劳动,减轻劳动强度,提高工作效率。但若使用不当或缺乏安全防护措施,可能会发生一些触电、电击事故,伤害维修操作人员。见图1-4。

图1-4　禁止违规用电、紧急断电

用电安全方面应注意：

（1）如果发现电器设备有任何异常应立即关掉开关，并联系管理员等有关人员。

（2）如果电路中发生短路或意外火灾，在进行灭火之前应首先关掉开关。

（3）不要靠近断裂或摇晃的电线。不要触摸标有"发生故障"的开关。千万不要用湿手接触任何电器设备。

（4）拔下插头时，不要拉电线，而应当拉插头本身。

（5）不要让电缆通过潮湿或有油的地方，也不要通过灼热的表面或者尖角部位。

（6）在开关、配电盘或电动机等附近不要使用易燃物，因为它们容易产生火花。

（7）维修竣工后，切断设备电源，关闭总电源。

（8）移动电气设备时，避免其电源软线拖得过长，沾染地面油污或水。

（9）电源线插头应完全无损地插入电源插座，接地线应完好无损，以免机器设备外壳带电而引起触电。

（二）汽车维修企业管理内容与要求

企业内员工的理想，莫过于有良好的工作环境，和谐融洽的管理气氛。6S管理即造就安全、舒适、明亮的工作环境，提升员工真、善、美的品质，从而塑造企业良好的形象，实现共同的梦想。

6S是指在生产现场中对人员、机器、材料、方法等生产要素进行有效的管理。6S管理内容有整理（SEIRI）、整顿（SEITON）、清扫（SEISO）、清洁（SEIKETSU）、素养（SHITSUKE）、安全（SAFETY）六个方面（见图1-5），通过规范现场、现物，营造一目了然的工作环境，培养员工良好的工作习惯，其最终目的是提升个人品质，养成良好的工作习惯。

图1-5 6S标志

6S是保证车间环境良好，实现轻松、快捷和可靠（安全）工作的关键点。如何确保汽车维修的质量？可以从以下6个方面进行提升。

1. 整理（SEIRI）

（1）含义：将工作场所任何东西区分为必要的与不必要的；把必要的东西与不必要的东西明确地、严格地区分开来；不必要的东西要尽快处理掉。通过整理可以改善和增加作业面积，减少磕碰的机会，利于提高产品质量，消除管理中的混放、混料等差错事故，有利于减少库存，节约资金。

图1-6 整理

图1-7 整顿

图1-8 清扫

（2）实施要领：

① 对工作场所（范围）全面检查，包括看得到和看不到的；

② 制定"要"和"不要"的判别规则；

③ 将不要的物品清除出工作场所；

④ 调查物品的使用频率，决定日常用量及放置位置。

（3）功效：最佳推销员——被顾客称赞为干净整洁的工厂、对这样的工厂有信心，乐于下订单与口碑相传，会提升车主对维修厂的信任度。整洁明朗的环境，会使大家希望到这样的厂工作。

2. 整顿(SEITON)

（1）含义：整顿是整理的更进一步，对整理之后留在现场的必需品分门别类后放置在指定的位置，排列整齐，以便能最快速地取得所要之物，并明确物品数量，进行有效标识。整顿创造一目了然的工作现场，出现异常情况能马上发现并及时处理，降低寻找物件的时间耗费，提高工作效率，减少浪费和非必需的作业。

（2）实施要领：

① 需要的物品明确放置场所；

② 摆放整齐、有条不紊；

③ 地板划线定位；

④ 场所、物品标示清晰；

⑤ 物品摆放处于节约空间时间资源的状态中。

（3）功效：节约家——降低很多不必要的材料以及工具的浪费，减少寻找的浪费，节省很多宝贵的时间，而且能降低工时，提高效率。

3. 清扫(SEISO)

（1）含义：将工作场所清扫干净；保持工作场所干净、亮丽。

（2）实施要领：

① 建立清扫责任区（室内、外）；

② 执行例行扫除，清理脏污；

③ 调查污染源，予以杜绝或隔离；

④ 建立清扫基准，作为规范。

（3）功效：对环境有保障——明亮、清洁的工作场所，视野开阔的职场；遵守堆积限制，危险处一目了然；走道明确，不会造成杂乱情形而影响工作的顺畅。

4. 清洁（SEIKETSU）

（1）含义：将上面的整理、整顿、清扫三项内容实施的做法制度化、规范化。

（2）实施要领：

① 落实前面提到的整理、整顿、清扫三项工作；

② 制订目视管理的基准；

③ 制订考评方法；

④ 制订奖惩制度，加强执行。

图1-9　清洁

（3）功效：标准化的推动者——"3定"、"3要素"原则规范作业现场，工作人员都按照规定执行任务，程序稳定，带来品质稳定，成本也安定。

5. 素养（SHITSUKE）

（1）含义：通过员工培训等方法，提高员工文明礼貌水准，增强团队意识，养成按规定行事的良好工作习惯。

（2）实施要领：

① 制订公司有关规则、规定；

② 制订礼仪守则；

③ 教育训练（新进人员强化6S教育、实践）；

④ 推动各种精神文明提升活动（晨会，例行打招呼、礼貌用语等）；

图1-10　素养

⑤ 推动各种激励活动，遵守规章制度。

（3）功效：形成令人满意的职场——创造明亮、清洁的工作场所，使员工有成就感，能造就现场全体人员进行改善的气氛。

6. 安全（SAFETY）

（1）含义：安全就是要维护人身与财产不受侵害，以创造一个零故障，无意外事故发生的工作场所。目的是保障员工的人身安全，保证生产的连续安全正常地进行，同时减少因安全事故带来的经济损失。

（2）实施要领：

① 建立健全各项安全管理制度；

② 加强员工的安全培训教育；

图1-11　安全

③ 做好各类安全标志；

④ 定期巡视现场，消除安全隐患。

（3）功效：对安全有保障——建立以安全生产责任制为核心的工作制度；保证企业财产安全、员工的人身安全等；体现"安全生产，人人有责"的原则。

任务实施

（一）实施方案

1. 组织方式

将学生分为四组，在理实一体化的教室，采用讲授法、分组讨论法、示范法、观摩法、实践法等方法学习实训场地安全作业要求及具体事项，汽车维修企业管理（6S管理）内容与要求。

2. 作业准备

（1）设备器材：多媒体设备。

（2）场地设施：理实一体化教室。

（3）耗材：若干卡片纸。

（二）操作步骤

1. 制定6S管理的实施步骤

● 整理的步骤

（1）现场检查：对工作现场进行全面检查，检查地方包括各种看得见和看不见的地方，特别是不引人注意的地方。如设备内部、抽屉底层、文件柜顶部等位置。

（2）定点摄影：将整理前的照片和整理后的照片放在一起进行对比，显现实施整理后的效果。

（3）清除非必需品：将经常使用的物品与使用周期较长以及对目前的生产或工作无任何作用的物品进行有效区分。

（4）处理非必需品：对非必需品进行改用、修理、修复、作价卖掉和废弃处理。

（5）养成每天循环整理的习惯：根据需要随时进行整理，需要的物品留下，不需要的马上放在另外一边。

● 整顿的步骤

（1）分析现状：对必需物品的名称、物品的分类、物品的放置等情况进行规范化的调查分析，并从物品的名称、物品的分类、物品的放置等几个方面进行规范化处理。

（2）物品分类：把具有相同特点或具有相同性质的物品划分到同一个类别，并制定标准和规范，确定物品的名称并做好物品名称的标示。

（3）决定放置场所：将常用的物件放在离操作工位最近的地方，不常用的物件在其他位置存放，对于场所的区分，可使用不同颜色的油漆或胶带来加以明确。

（4）确定放置方法：考虑物件的用途、功能、形态、大小、重量、使用频率等因素，以符合容易取用和放置的原则进行。

(5) 物品定位放置：按照决定的放置场所和存放方法，将物品放在该放的地方。

(6) 做好标示：标示是整顿的最终动作，清楚标示物品的存放场所和物品名称，让每个人随时都知道要用的东西在哪里，如果物品正在使用，也应标明使用者及使用场所。

- **清扫的步骤**

(1) 清扫教育：做好清扫的安全教育和设备常识教育，以避免清扫时出现安全事故和降低清扫对设备造成的损伤。

(2) 技术准备：制定相关的作业指导书、明确清扫工具、清扫位置、加润滑油基本要求、螺丝钉卸除和紧固的方法及具体顺序和操作步骤等。

(3) 决定清扫责任区域与责任人：编制清扫责任位置图并指定负责人，排定清扫值日表并按规定的清扫方法进行清扫。

(4) 建立清扫制度：将清扫的技术准备、清扫的对象、方法、重点、周期、使用的工具、责任人等进行制度化。

(5) 准备清扫工具：确定清扫需要用的清扫工具并放置在容易取用、容易归位的地方。

- **清洁的步骤**

(1) 制定清洁手册：清洁手册明确每个人每天在 6S 管理方面需要做些什么，每个人的责任区域是什么，规定清洁完成后的状态及清扫实施后日常的检查方法。

(2) 定期检查：制定整理、整顿、清扫的明细检查表，以明确"清洁的状态"要求。

- **素养的步骤**

(1) 继续推动前 4S 活动：前 4S 是基本动作，也是手段，主要借助这些基本动作和手段使员工在无形中养成一种保持整洁的习惯。

(2) 制定规章制度并严格执行：制定相应的"行为礼仪"及"员工守则"等，保证员工达到素养的最低要求，并力求提高。

(3) 实施员工培训：通过岗前培训和在岗培训提高员工素养，增强团队意识，养成按规定行事的良好工作习惯。

(4) 开展提升活动：通过早会、征文比赛和 6S 管理知识竞赛等形式展示员工的素养。

- **安全的步骤**

(1) 建立安全生产责任制：根据各层次、各部门相应的职能，建立安全生产责任制，使各层次、各部门的安全生产责任明确、全面且条理化，体现"分级管理，分线负责"的原则。

(2) 制定安全管理制度：根据"安全生产，人人有责"的原则制定以企业安全生产责任制为核心的全厂性制度。

(3) 开展安全培训教育：利用各种宣传工具进行宣传，开展全权讲课、报告会和座谈会等活动。

2. 结合实际，讨论 6S 管理的相关问题

(1) 小组讨论：6S 能够为我们的工作带来怎样的改变？

(2) 大家整理作业车间,将整理过程简单记录。

(3) 观察作业车间,写出需要整顿的实例。

(4) 完成作业车间的清扫任务,记录清扫的内容。

(5) 制定自己的清洁任务,并记录下来。

(6) 如果我是一名企业员工应具备什么样的素养?

任务小结

1. 汽车维修场地安全的主要内容

汽车维修工作安全内容包括场地安全设施、粘贴安全标示标志、设立有害物质集中收集地点、安装废气排放净化装置。

2. 汽车维修作业安全的主要内容

汽车维修作业安全主要内容包括汽油使用安全规则、发动机起动安全规则、车下工作安全规则、蓄电池使用安全规则。

3. 拆装工具的使用安全

拆装前检查工具是否完好；选用合适的拆装工作；工作中按照规定佩戴防护用品。

4. 用电安全

用电安全要做到竣工后切断电源；移动电源时避免拖线过长和沾染油污或水；电源线应完好无损。

5. 6S管理

（1）6S是指整理、整顿、清扫、清洁、素养、安全。

（2）整理就是把必需品和非必需品进行明确、严格的区分，将混乱的状态收拾成井然有序的状态。整理的核心是区分必需品和非必需品。

（3）整顿是整理的更进一步，是把需要的事、物加以定位和定量，将工作现场需要留下的物品进行科学合理的布置和摆放，以便能最快速地取得所要之物。

（4）清扫是将工作场所、设备彻底清扫干净，使工作场所保持一个干净、宽敞、明亮的环境，其目的是维护生产安全、减少工业灾害，保证产品品质。

（5）清洁是对清扫后状态的保持，将整理、整顿、清扫实施的做法制度化、规范化，并贯彻执行及维持成果。

（6）素养可以使全体员工高标准、严要求地维护现场环境整洁和美观，自愿实施整理、整顿、清扫、清洁等6S管理规范，培养遵守规章制度和具有良好习惯的人才。

（7）安全就是要维护人身与财产不受侵害，以创造一个零故障，无意外事故发生的工作场所。目的是保障员工的人身安全，保证生产的连续安全正常的进行，同时减少因安全事故而带来的经济损失。

任务评价

（一）课堂练习

1. 判断题

（1）凡是价格昂贵的物件都属于必需品。（　　）

（2）通过整顿可以在最短的时间快速地取得所需物件，提高工作效率。（　　）

（3）清扫可以使工作场所保持干净，对产品质量没有任何影响。（　　）

（4）清洁是对清扫后状态的保持。（　　）

（5）素养体现在员工的言行举止中，6S管理要求员工养成良好的行为习惯。（　　）

（6）修理汽油箱前，应用专用溶液或水清除油箱内的残余油气。但在清洗时不得吸烟，不得在旁边烘烤零件或点燃喷灯。（　　）

（7）蓄电池应轻搬轻放，不可歪斜，以防电解液泼出腐蚀人体皮肤和衣服。如溅到皮肤，应立即用清水冲洗。（　　）

2. 选择题

（1）整理时非必需品的处理方式不包括（　　）。

　　A. 修理、修复　　　B. 废弃　　　　　C. 改作他用　　　D. 置于仓库放置

（2）整顿的三定原则不包括（　　）。

　　A. 从场所标志和编号标志进行定位

　　B. 从用途标记和功能标记进行定性

　　C. 从最大量标记和最小量标记进行定量

　　D. 从物架品目标记和物品品目标记进行定品

（3）对于清扫对象描述最全面的是（　　）。

　　A. 生产线、设备、工作场地

　　B. 仓库、设备、厕所

　　C. 物品的放置场所、设备、空间

　　D. 物品的放置场所、设备、工作场地

（4）清洁需要处理的工作不包括（　　）。

　　A. 准备清扫工具，对要求清扫的范围实施作业

　　B. 制定清洁手册，将 6S 的做法制度化

　　C. 定期检查整理、整顿的实施情况并进行记录

　　D. 每次工作结束后坚持实施整理、整顿、清扫的管理活动

（5）不能促进员工良好素养的活动是（　　）。

　　A. 开展多方面的培训活动，增强素养意识

　　B. 开展 6S 管理活动知识竞赛，强化对 6S 管理的认知

　　C. 员工自己规定清扫的责任区域和清扫周期

　　D. 制定 6S 管理的相关规章制度并严格执行

（二）技能测评

表 1-1　技能评价表

序号	内　　容	分值	得分
1	掌握 6S-整理的实施步骤	10	
2	掌握 6S-整顿的实施步骤	20	
3	掌握 6S-清扫的实施步骤	10	
4	掌握 6S-清洁的实施步骤	20	
5	掌握 6S-素养的实施步骤	20	
6	掌握 6S-安全的实施步骤	20	
	总分	100	

（注：操作正确即得分，操作错误或未进行操作即 0 分）

学习任务 2　举升机、翻转架安全操作

 任务目标

任务目标
◎ 认知汽车举升机、教学用翻转架、实训台等设备，了解其种类及具体用途。
◎ 掌握举升机、翻转架规范操作方法及注意事项。
◎ 依据汽车维修设备器材操作要求，规范、熟练使用举升机、翻转架。

学习重点
◎ 举升机、翻转架规范操作方法及注意事项。

 知识准备

举升机是一种实用性很强的汽修设备，在现代汽车维修过程中经常使用，它大大提高了维修人员的工作效率并改善了工作条件。举升机可将汽车举升到一定高度，既便于汽车下部的维修作业，又保证维修人员作业安全。

（一）汽车举升机种类

汽车举升机按照形状来分，可分为柱式举升机和剪式举升机。其中柱式举升机又分为单柱式举升机、双柱式举升机以及四柱式举升机；而剪式举升机分为大剪式举升机和小剪式举升机。

汽车举升机按照功能来分，可分为四轮定位型举升机和平板式举升机。

按照占用的空间不同，汽车举升机可分为地上式举升机（无需挖槽，适用于任何修理厂）和地藏式举升机。

（二）汽车举升机特点

1. 单柱式举升机

单柱式举升机（见图1-12）主要用于汽车及工程车辆的局部举升，便于更换车轮轮胎或对车辆底盘进行各种维修作业。

单柱举升机的特点：操作容易、美观，不占用空间便能将重物方便省力地举起。具有省时省力的效果，不用时完全放置于地面，方便汽车倒车和放置物品。它

举升机认识

图 1-12 单柱式举升机

适用于室内外场地,适用于室内面积较为紧凑的场所。

2. 双柱式举升机

双柱式汽车举升机(见图1-13)广泛应用于轿车等小型车的维修和保养,一般有对称式和非对称式两种。对称式举升机四根臂的臂长大致相等,非对称式举升机的立柱向后旋转了一个角度(大约30°),并且前臂比后臂稍微短一些。

双柱式举升机的优点:将汽车举升在空中的同时可以节省大量的地面空间,方便地面作业。性能可靠,低能耗,操作方便;无横梁,结构简单。

双柱式举升机的缺点:为了最大程度地节省材料,一般都去掉了底板。由于没有底板,使得立柱的扭力需要靠地面来抵消,对地基要求很高。

图 1-13 双柱式举升机

3. 四柱式举升机

四柱式举升机(见图1-14)多用于大吨位汽车或货车修理和保养。四柱举升机按其结构又分为上油缸式(其油缸置于立柱顶部)和下油缸式(其油缸置于平板下面)两种。

四柱式举升机的优点：结构简单，结构比较紧凑，自重降低。二次举升一般为电动液压，和主泵连接在一起，只要转动转换阀即可，升降速度快。

四柱式举升机的缺点：二次举升为手动或气动，修理工需要跑到下面操作，这对于经常使用二次举升的用户来说不方便和不安全。保险装置为气动装置，若没有气源则比较麻烦。

图 1-14　四柱式举升机

4. 剪式举升机

剪式举升机广泛用于大型车辆维修，分为小剪（单剪）式举升机（见图 1-15）、大剪（子母）式举升机（见图 1-16）、超薄系列剪式举升机等几种类型。

剪式举升机的优点：结构简单，同步性好，举升速度适中且不占用车坑位置，对于一些车型相对固定，工作强度大的修理领域无疑是最好的选择。小剪举升机安全性高，操作方便；大剪举升机用处比较多，是配合四轮定位仪的最佳设备，并可以作为汽车维修，轮胎、底盘检修用；超薄系列剪式举升机无需挖槽，适用于任何修理厂。

剪式举升机的缺点：小剪式举升机安装需要挖坑，增加了安装的难度。

图 1-15　小剪式举升机　　　　图 1-16　子母大剪式举升机

（三）汽车举升机使用安全要求

在现代汽车维修行业中使用举升机在一定程度上极大地提高了工作效率，但若举升机使用不当，又会带来一定的安全隐患，造成人身伤害和车辆财产损失。因此，为了避免使用中发生各种意外情况,举升机的安全、规范操作显得尤为重要。

汽车举升机安全使用操作要求:

(1) 使用前应清除举升机附近妨碍作业的器具及杂物,并检查操作手柄是否正常;

(2) 检查操作机构是否灵敏有效,并且液压系统不允许有爬行现象;

(3) 举车的各个支角应在同一平面上,调整支角胶垫高度使其可靠接触车辆底盘支撑部位;

(4) 支车时,车辆不可支得过高,支起后四个托架要锁紧;

(5) 待举升车辆驶入后,应将举升机支撑块调整移动对正该车型规定的举升点;

(6) 举升时人员应离开车辆,举升到需要高度时,必须插入保险锁销,并确保安全可靠才可开始车底作业;

(7) 除汽车维修及小修任务外,其他繁琐笨重作业,不得在举升机上操作修理;

(8) 举升机不得频繁起落;

(9) 支车时举升要稳,降落要慢;

(10) 有人作业时严禁升降举升机;

(11) 发现操作机构不灵,电机不同步,托架不平或液压部分漏油,应及时报修,有故障时不得操作;

(12) 作业完毕应清除杂物,打扫举升机周围场地,保持整洁;

(13) 定期排除举升机油缸内的积水,并检查油量,油量不足时应及时加注相同牌号的压力油。同时应检查润滑、举升机传动齿轮及缝条。

(四) 发动机翻转架

翻转架是汽车维修中常用的设备,常见的有普通翻转架、大型发动机翻转架、变速器翻转架、柴油机翻转架。本课程主要讲的是发动机构造与拆装,着重介绍适用于汽车发动机的翻转架。

汽车发动机翻转架是一种汽车修理和保养单位常用的设备,广泛应用于轿车等小型车的维修和保养。目前国内的发动机翻转架有固定式的和移动式的两种。固定式汽车发动机翻转架,发动机能够在翻转架上翻转、起动并运转,但需浇筑混凝土,固定时费工费时,不能在短时间内投入使用,且不能移动,限制了实验室的调整。另外,油、水、工件、工具易落地,达不到卫生清洁的起码要求,也不便于检测和排除故障。移动式汽车发动机翻转架,虽然能够移动,但发动机只能在翻转架上翻转,不能启动、运转,无法对发动机进行检测、故障设置和故障诊断与排除。

多功能发动机翻转架弥补了上述两种翻转架的不足,集发动机的拆卸、组装、调试、大修、起动、故障设置及诊断、排除、检测等功能为一体。蜗杆传动360°任意角度翻转锁止发动机翻转架就是多功能发动机翻转架中较有代表性的一种,它具有性能可靠,操作方便,结构简单;拖脚的最低位置低,使得车辆的底盘可以比较低,扩大了各种车辆的适应性;利用蜗杆传动,可360°任意翻转锁止等特点。

图 1-17 发动机翻转架

图 1-18 变速器翻转架

（五）使用翻转架的注意事项

（1）使用时需按照说明书上的正确方法操作，调整。

（2）发动机在拆装过程中可以实现 360°翻转，并可在任意角度稳定停留。由于灵活性高在操作过程中要选好角度。

（3）万向自锁轮台架活动灵活，并带有自锁装置。在发动机拆装作业中，可根据需要使用自锁装置。

（4）运转过程中发现不正常现象应及时停止操作并进行检查。

（5）不允许将支架与发动机连接的螺栓螺母随意拧松，以免发生危险。

（6）在翻转架下部放置油盘，方便拆装时小零件的储放及接油。

任务实施

（一）实施方案

1. 质量要求

参照厂家的质量标准要求。

2. 组织方式

每四位同学一组，采用讲授法、分组讨论法、示范法、观摩法、实践法等方法对举升机、翻转架安全操作的知识进行学习，让学生按照企业岗位操作规范对剪式举升机和翻转架进行作业。每组作业时间为__30__分钟。

3. 作业准备

（1）技术要求与标准：

① 举升机操作前需清洁举升机和实训工位地面卫生。

② 举升机操作前需确保电动机开关转动。

剪式举升机

图 1-19 设备器材

举升机操作规程

③ 达到目标高度后,需压下举升机手动卸荷阀手柄将提升臂锁止。

(2)设备器材:剪式举升机(见图 1-19)。

(3)场地设施:带消防设施的场地。

(4)设备设施:轿车一辆、举升机、翻转架。

(5)耗材:干净抹布。

(二)操作步骤

1. 剪式举升机使用

(1)举升机操作前准备。

① 检查车辆停放位置:检查车辆停放位置是否到位,如不到位,则需重新调整,见图 1-20。

图 1-20 检查车辆位置

◇ 车辆要停放在举升机的中间位置,使车辆的重心能够刚好在举升机的中间,保证车辆平稳举升;

◇ 车辆两侧位置要求刚好在举升平板的中间位置,确保车辆不会倾斜;

◇ 车辆底部举升点必须在举升平板区域内。

图 1-21 检查车辆重量

② 检查举升机和车辆:检查车辆重量是否符合举升机的最大举升极限,见图 1-21。

◇ 严禁举升超过举升机载荷极限的车辆。

③ 检查车内是否有行李物品：检查车内和行李箱存放处是否有行李物品，如果有行李物品则将其搬出车外，见图1-22。

④ 安装车轮挡块：安装左后车轮挡块；安装右后车轮挡块。

图1-22 检查后备箱

(2) 举升机举升操作。

① 安装举升机垫块：安装左侧两块举升机垫块，将垫块安放在车辆举升点正下方的举升平板上面；安装右侧两块举升机垫块，将垫块安放在车辆举升点正下方的举升平板上面。见图1-23。

图1-23 安装垫块

注意事项

◇ 在安装前检查垫块是否有裂纹、损坏；
◇ 辆的举升点在车辆底座两个凹槽处；
◇ 举升机垫块必须整块在举升平板内，决不允许部分垫块在平板外；
◇ 对于车身比较长的车辆可拉动举升平板的延长部分进行安放垫块。

② 举升车辆：

a. 检查车辆以及举升机周围是否有障碍物，示意车辆将要举升信号，确认安全，见图1-24。

b. 按下上升按钮，将举升机平板升至垫块将要碰到车辆底部时，停止举升。

图1-24 检查车辆

③ 检查举升机垫块：检查左侧举升机垫块安装是否到位，如不到位则进行调整；检查右侧举升机垫块安装是否到位，如不到位则进行调整。见图1-25。

图1-25 检查垫块

> 注意事项
>
> ◇ 举升机垫块必须与车辆底部举升点(凹槽)处完全接触,同时位于中间位置;
> ◇ 举升机垫块必须置于中间位置。

④ 第二次车辆举升:

a. 检查车辆周围是否有障碍物;示意车辆将要举升信号,确认安全。

b. 按下"上升"按钮,将车辆举升离开地面 20 cm 左右停止举升,见图 1-26。

图 1-26　将车辆举升离地面 20 cm

> 注意事项
>
> ◇ 在车辆举升时,要注意两块举升平板是否同时上升,不然影响作业安全。

⑤ 再次检查举升机垫块:再次检查左侧举升机垫块安装是否到位,如不到位则进行调整;再次检查右侧举升机垫块安装是否到位,如不到位则进行调整,见图 1-27。

⑥ 车辆安全检查:按压车辆前部检查车辆支撑是否合适;按压车辆后部检查车辆支撑是否合适。

图 1-27　检查垫块是否到位

> 注意事项
>
> ◇ 检查过程中如发现任何晃动、不平稳都需重新调整。

⑦ 移走挡块:移走左后车轮挡块,移走右后车轮挡块并将其放在安全位置。

⑧ 第三次举升车辆:

a. 检查车辆周围是否有障碍物,示意车辆将要举升信号,确认安全。

b. 按下"上升"按钮,将车辆举升到操作的合适高度,见图 1-28。

图 1-28　举升、锁止车辆

注意事项

◇ 检查举升机锁止是否良好,在举升机锁止检查时,确保上下两排齿要完全啮合。

(3) 举升机下降操作。
① 举升机下降:
a. 检查车辆下方是否有工具设备,检查车辆周围是否有障碍物;示意车辆将要下降的信号,确认安全。
b. 先举升然后再按下举升机"下降"按钮,见图1-29。

图 1-29　按下按钮

注意事项

◇ 如果将车辆下降到某位置,则下降好后要检查举升机锁止是否正常;如果将车辆下降到地面,则直接将举升机平板降到最低位置;
◇ 在车辆下降时,要注意两块举升平板是否同时下降,不然影响安全作业。

② 移走举升机垫块:移走车辆左侧举升机垫块将其放到安全位置;移走车辆右侧举升机垫块将其放到安全位置。见图1-30。

图 1-30　移走垫块

注意事项

◇ 垫块拆除同时,检查垫块是否完好,不然影响下次作业。

任务小结

1. 汽车举升机种类
汽车举升机可按照其形状、功能及占用空间的不同进行分类。

2. 汽车举升机的特点
不同类型的汽车举升机具有不同的特点,既有优点也有缺点。单柱式举升机具有操作容易、美观、不占用空间的优点;双柱式举升机具有节省大量地面的空间,方便作业,性能可靠,低能耗,操作方便,无横梁,结构简单的优点;四柱式举升机具有结构简单、结构比较紧凑,自重降低的优点;剪式举升机具有结构简单、同步性好、举升速度适中且不占用车坑位置的优点。以上这些类型的举升机也各有缺点,详细内容可参见"知识准备"模块。

3. 剪式汽车举升机操作使用前注意事项

车辆要停放在举升机的中间位置,使车辆的重心能够刚好在举升机的中间,保证车辆平稳举升。剪式汽车举升机操作使用前要确保车辆重量符合举升机的最大举升极限。举升机垫块必须与车辆底部举升点(凹槽)处完全接触。

4. 剪式举升机操作使用时注意事项

(1) 严禁举升超过举升机载荷极限的车辆;
(2) 在车辆举升时,要注意两块举升平板同时上升;
(3) 在举升机锁止检查时,确保上下两排齿要完全啮合。

任务评价

(一) 课堂练习

1. 判断题

(1) 汽车举升机可按照其形状、功能及占用空间的不同进行分类。(　　)
(2) 双柱式汽车举升机广泛应用于大吨位汽车或货车修理和保养。(　　)
(3) 剪式汽车举升机操作前若车内行李物品重量很轻,则无需将其搬出车外。(　　)
(4) 剪式汽车举升机垫块必须整块在举升板内,决不允许部分垫块在平板外。(　　)
(5) 剪式汽车举升机下降操作时,先将举升机举升然后再按下"下降"按钮。(　　)
(6) 移动式汽车发动机翻转架能够自由移动,发动机能够在翻转架上翻转,且能够进行发动机检测、故障设置和故障诊断与排除。(　　)

2. 单选题

(1) (　　)举升机广泛应用于轿车等小型车的维修和保养。
　　A. 单柱式　　　B. 双柱式　　　C. 四柱式　　　D. 剪式
(2) 剪式举升机广泛应用于大型车辆维修,有(　　)类型。
　　A. 子母式举升机　　　　　　B. 单剪式举升机
　　C. 超薄系列剪式举升机　　　D. 以上三种都是
(3) 下列关于剪式汽车举升机的操作使用的叙述中错误的是(　　)
　　A. 操作使用前要确保车辆重量符合举升机的最大举升极限
　　B. 举升机垫块上允许有轻微的裂纹
　　C. 在举升机锁止检查时,确保上下两排齿要完全啮合

D. 剪式汽车举升机操作使用前，车辆要停放在举升机的中间位置，使车辆的重心能够刚好在举升机的中间，保证车辆平稳举升

（二）技能评价

表1-2 技能评价表

序号	内　　容	分值	得分
1	检查车辆是否停放在举升机位置	5	
2	检查车辆重量是否符合举升机的最大举升极限	5	
3	检查车内是否有行李物品	5	
4	安装车轮挡块，左后右后车轮都要安装	10	
5	安装举升机垫块	10	
6	举升车辆需确定周围是否有障碍物，举升机平板升至垫块将要碰到车辆底部时需停止举升	10	
7	检查举升机垫块	10	
8	第二次车辆举升	10	
9	拆卸挡块	10	
10	第三次车辆举升	10	
11	举升机下降应检查是否有障碍物，再先举升后按下降按钮	10	
12	拆除举升机垫块，左右两侧的举升机垫块都要拆除	5	
	总分	100	

（注：操作规范即得分，操作错误或未进行操作即0分）

学习任务 3　拆装工具选用及要求

任务目标
◎ 掌握汽车维修过程中常用拆装工具的名称和规格。
◎ 描述汽车维修常用工具规范使用的方法和安全事项。
◎ 准确识别和选用各种类别、型号的拆装工具,并能够规范运用,掌握安全操作的方法。

学习重点
◎ 汽车常用维修工具规范使用方法及安全操作注意事项。

汽车维修常用的工具及安全使用

汽车维修工具一般分为通用和专用两大类。通用工具指的是可普遍使用于各行各业同类作业的工具;专用工具是指为某一专项作业特别设计的工具,如汽车火花塞上的套筒,只能用于火花塞拆装。

汽车维修作业中常用的工具有:扳手、钳子、螺丝刀、手锤、游标卡尺、螺旋测微仪、量缸表等。

1. 扳手类工具

扳手用以紧固或拆卸带有棱边的螺母和螺栓,常用的扳手有开口扳手、梅花扳手、套筒扳手、扭力扳手、可调节扳手(活动扳手)等。

- 开口扳手

开口扳手(见图 1-31)用于紧固或拆卸一般规格的螺母和螺栓,这种扳手可以直接插入或套入,使用较方便。但是不宜在较小的空间使用,并且不可用于拧紧力矩较大的螺栓或螺母,使用时易滑脱。

- 梅花扳手

梅花扳手(见图 1-32)由于完全包住了螺栓或螺母的顶部,比普通扳手易于使用。同时它的手柄比普通的手柄长,可以获得更大的扭矩。这种扳手扳转力大,工作可靠,不易滑脱,携带方便,适用于旋转空间狭小的场合。

图 1-31 开口扳手

图 1-32 梅花扳手

- **套筒扳手**

套筒扳手(见图 1-33)是拆卸螺栓最方便,灵活且安全的工具。使用套筒扳手不易损坏螺母的棱角。特别适用于旋转部位很狭小或隐蔽较深处的六角螺母或螺栓。

图 1-33 套筒扳手

- **扭力扳手**

扭力扳手(见图 1-34)主要用于有规定扭矩值的螺栓和螺母的装配,如气缸盖、连杆、曲轴主轴承等处的螺栓。

- **可调扳手(活动扳手)**

可调扳手(见图 1-35)根据螺栓或螺母的尺寸,通过转动调整螺母的尺寸,通过转动调整螺钉来移动可调爪,可调扳手的开口宽度可变宽或收窄。

图 1-34 扭力扳手

图 1-35 可调扳手

2. 钳子类工具

钳子类工具可分为通用钳子和专用钳子两种类型。通用类钳子用于夹持、弯曲、扭转和切断物体或其他用途,而专用类钳子用于安装、拆卸活塞环或卡环。

- 组合钳(又称鱼口钳)

鱼口钳(见图1-36)开口有大小两种调节方式。它适用于各种工作场合。钳爪底部可以切断电线一类的物体。但不要用钳子松开或拧紧螺栓、螺母,否则可能将螺栓或螺母的边咬掉。

- 尖嘴钳

尖嘴钳(见图1-37)的端部细长,它用于组合钳无法使用的狭窄地方或在孔中夹持销子之类的物体。尖嘴钳的头部夹口用来夹持细小零件,但夹紧的力不能过大,否则会使夹口变成喇叭形。尖嘴钳后部的刀口是用来切断电线或剥开电线的表皮。

图1-36　组合钳(又称鱼口钳)

图1-37　尖嘴钳

- 偏口钳

偏口钳(见图1-38)用于切断电线,剥除电线的绝缘层和剥除开口销之类的物体。不要用偏口钳切断硬物体,以免损伤钳口。

- 克丝钳

克丝钳(见图1-39)又称老虎钳,用途广泛,可切断电线、夹持物体或弯曲工件。

图1-38　偏口钳

图1-39　克丝钳

- 大力钳

大力钳(见图1-40)又称管钳子,用于加紧力矩较大的地方。大力钳能够轻松拆卸损坏的螺栓或卡住的螺母。

图1-40　大力钳

- 卡簧钳

卡簧钳用于拆卸或安装卡簧,主要有轴用、穴用两类(见图1-41、1-42)。

图1-41 轴用卡簧钳　　　　　图1-42 穴用卡簧钳

3. 螺钉旋具类工具

螺钉旋具又称起子、旋凿或螺丝刀。使用时是利用旋转压力紧固或拆卸带有槽口的螺钉。常用的螺钉旋具有一字形和十字形两种(见图1-43)。一字形螺钉旋具是用来紧固或拆卸一字槽螺钉的,而十字形螺钉旋具是用来紧固或拆卸十字槽螺钉的。

(a) 一字螺丝刀　　　　　(b) 十字螺丝刀

图1-43 螺钉旋具类型

4. 手锤

手锤(见图1-44)又称榔头,由锤头和木柄组成。通过敲击,拆卸和安装零件。

图1-44 手锤

5. 常用量具

- 游标卡尺

游标卡尺(见图1-45)是一种测量长度、内外径、深度的量具。游标卡尺由主尺和附在主尺上能滑动的游标两部分构成。游标卡尺的主尺和游标上有两副活动量爪,分别是内测

图 1-45 游标卡尺结构

量爪和外测量爪,内测量爪通常用来测量内径,外测量爪通常用来测量长度和外径。

- **螺旋测微仪**

螺旋测微仪(见图 1-46)又称千分尺(micrometer),是比游标卡尺更精密的测量长度的工具,用它测量长度可以准确到 0.01 mm,测量范围为几个厘米。螺旋测微仪的读数机构由固定套筒和活动套筒组成:固定套筒在轴线方向上刻有一条中线,中线的上、下各刻一排刻线,刻线每一格间距均为 1 mm,上、下刻线相互错开 0.5 mm;在活动套筒左端圆周上有 50 等分的刻度线。因测量螺杆的螺距为 0.5 mm,即螺杆每转一周,轴向移动 0.5 mm,故活动套筒上每一小格的读数值为 0.5÷50=0.01 mm。

图 1-46 螺旋测微仪结构

- **量缸表**

量缸表（见图1-47）也叫内径百分表，是利用百分表制成的测量仪器，也是用于测量孔径的比较性测量工具。在汽车维修中，量缸表通常用于测量气缸的磨损量及内径。量缸表主要包括百分表、表杆、替换杆件和替换杆件紧固螺钉等。

图1-47 量缸表结构

（一）实施方案

1. 质量要求

参照厂家的质量标准要求。

2. 组织方式

将学生分为四组在理实一体化的教室，采用讲授法、分组讨论法、示范法、观摩法、实践法等认识汽车维修常用的拆装工具，掌握各类拆装工具安全使用的方法。每组作业时间为 __45__ 分钟。

3. 作业准备

（1）技术要求与标准：

① 使用前对汽车发动机常用工具进行清洁与检查。

② 根据汽车维修作业的要求，选用适用的拆装工具。

（2）设备设施：汽车维修常用工具、量具。

（3）场地设施：带消防设施的场地。

（4）耗材：干净抹布。

（二）操作步骤

1. 扳手使用

（1）开口扳手的使用。

图1-48 将扳手套入螺栓或螺母中

① 根据要拧紧或拧松的螺栓或螺母的规格从工具箱中取出对应规格的开口扳手。

② 用清洁布清洁开口扳手，以防使用时扳手滑出，造成零件损伤或人身的伤害。

③ 将开口扳手上、下套入或横向插入螺栓或螺母中（见图1-48）。使用开口扳手时，应将受力面（大的一面）放在沿着拧动方向的上面。

④ 应采用拉动扳手的操作方法来松动或拧紧螺栓或螺母。若必须推动时，可用手掌推动，以防止伤手。见图1-49。

图1-49 注意手势

◇ 螺栓或螺母生锈或过紧时，可使用除锈润滑剂喷涂在需拆卸的螺栓处。或者使用锤子轻轻敲击螺母表面，再进行拆卸。

注意事项

◇ 不能在开口扳手柄上随意使用锤子和管子（用来加长扳手柄）来增加扭矩。

图1-50 注意事项

⑤ 使用后，清洁开口扳手并放回工具箱。

（2）套筒扳手使用。

① 从工具箱中取出选用的套筒，见图1-51。

图1-51 套筒类别

② 将套筒套在配套手柄的方榫上(视需要与长接杆、短接杆或万向接头配合使用),见图1-52。

图1-52 安装套筒

③ 将套筒套住螺栓或螺母,左手握住手柄与套筒连接处,保持套筒与所拆卸或紧固的螺栓同轴线,右手握住配套手柄拉动加力,见图1-53。

④ 将套筒在配套手柄的方榫上拆卸下来,清洁后放回工具箱中。

图1-53 套筒作业

◇ 使用时切勿摇晃,以免套筒滑出或损坏螺栓螺母的棱角。
◇ 不论松动或拧紧螺栓(螺母),都要采用拉动方向用力。

(3) 扭力扳手的使用。
① 查看将要拆卸或紧固的螺栓和螺母的规格。
② 从工具箱中取出与螺栓和螺母相同规格的扳手、扭力杆以及套筒,见图1-54。
③ 将扳手、扭力杆、套筒组合起来。

图1-54 扭力扳手

④ 调整扭矩至规定扭矩数值,并将其锁止,见图 1-55。

图 1-55 调整扭矩

⑤ 将套筒套住螺栓或螺母,然后朝自己的方向用力,见图 1-56。

图 1-56 套筒使用方向

◇ 操作过程中用力不宜过大。

⑥ 将扳手、扭力杆、套筒拆卸开来，并依次放回工具箱。

2. 钳子的使用

（1）使用钳子时用右手操作，见图1-57。将钳口朝内侧，便于控制钳切部位。

（2）用小指伸在两钳柄中间来抵住钳柄，张开钳头，这样分开钳柄灵活。切勿把钳子当锤子使用。

3. 旋具的使用

（1）选择与螺钉槽相匹配的旋具。

（2）将旋具头部放至螺钉槽口中，使旋具头可靠地同螺钉槽接合。

（3）用力推压螺钉，平稳旋转旋具。

图1-57 右手使用钳子

> **注意事项**
> ◇ 旋转旋具时，特别要注意用力均匀，不要在槽口中蹭，以免磨毛槽口。
> ◇ 禁止使用尺寸不合适的旋具拧动螺钉，否则可能会损坏螺钉槽或旋具槽。

4. 手锤的使用

正确握锤手势为用右手的食指、中指、无名指和小指紧握锤柄，大拇指贴在食指上，挥锤和击锤时手势不变。见图1-58。

图1-58 握锤姿势

> **注意事项**
> ◇ 每次使用前一定要确定锤头不松动。

5. 千分尺的使用

（1）使用千分尺的正确姿势。

用千分尺测量时，被测工件放在测砧和测轴端头之间，被测工件的大小决定了所用千分尺的规格。转动微分套管调整测轴，直至测轴与测砧和工件轻轻接触，从固定套筒和微分套管上的刻度即可读出尺寸。见图1-59。

图1-59 千分尺使用方法

要求测砧与工件轻轻接触,测砧在接近被测工件时应拧动外径千分尺的棘轮机构,以保证读取数值准确。

(2) 千分尺的数值读取。

外径千分尺的固定套上是主标尺和基准线,调节千分尺测取读数时,转动微分套管带动测轴,此时微分套管沿固定套上的主标尺轴线移动,微分套管上的刻度线绕固定套相对基准线转动。

读数时,外径千分尺的固定套上主尺每格刻度线代表 0.50 mm。微分套管上每格刻度线代表 0.01 mm,一圈 50 个刻度线,微分套管每旋转一周即增加或减少 0.50 mm。

第一步:读取主尺(固定套)上的数值;

第二步:读取微分管筒上与基准线重合的刻度线数值;

第三步:将两读数加在一起,如图 1-60 所示。

测量值=固定管整毫米数+半毫米数+1/100 mm 的微分管数

图 1-60 千分尺的读数

1. 汽车发动机拆装常用工具

汽车发动机拆装常用工具有扳手、钳子、螺丝刀、手锤、游标卡尺、螺旋测微仪等。

2. 扳手类工具

扳手用于紧固或拆卸带有棱边的螺母和螺栓,常用的扳手有开口扳手、梅花扳手、套筒扳手、扭力扳手、可调节扳手等。

3. 钳子类工具

钳子分通用钳子和专用钳子两种类型。钳子类工具主要有组合钳、尖嘴钳、偏口钳、克丝钳、大力钳、卡簧钳。

4. 螺钉旋具类工具

螺钉旋具又称起子或螺丝刀。常用的螺钉旋具有一字形和十字形。一字形螺钉旋具是用来紧固或拆卸一字槽螺钉的,而十字形螺钉旋具是用来紧固或拆卸十字槽螺钉的。

5. 手锤

手锤又称榔头,由锤头和木柄组成,通过敲击,拆卸和安装零件。

6. 常用量具

(1) 游标卡尺是一种测量长度、内外径、深度的量具。游标卡尺由主尺和附在主尺上能滑动的游标两部分构成。游标卡尺的主尺和游标上有两副活动量爪,分别是内测量爪和外测量爪,内测量爪通常用来测量内径,外测量爪通常用来测量长度和外径。

(2) 螺旋测微仪又称千分尺(micrometer),是比游标卡尺更精密的测量长度的工具,用它测量长度可以准确到 0.01 mm,测量范围为几个厘米。

(3) 量缸表也叫内径百分表,是利用百分表制成的测量仪器,也是用于测量孔径的比较性测量工具。

（一）课堂练习

1. 判断题

(1) 螺钉旋具主要有一字形和十字形两种。（   ）
(2) 相比螺旋测微仪而言,游标卡尺可用于更加精密的长度测量。（   ）
(3) 尖嘴钳可用于夹紧力矩较大的地方,能够轻松拆卸损坏螺栓或卡住的螺母。（   ）
(4) 在汽车维修中经常用到的工具可分为通用工具和专用工具两大类。（   ）
(5) 不能在开口扳手手柄上随意使用锤子和管子(用来加长扳手柄)来增加扭矩。（   ）

2. 单选题

(1) 下列哪种扳手拆卸螺栓最方便,灵活且安全?（   ）。
  A. 开口扳手   B. 套筒扳手
  C. 梅花扳手   D. 扭力扳手
(2) 气缸盖、连杆、曲轴主轴承等处的螺栓采用以下哪种扳手拆卸?（   ）。
  A. 开口扳手   B. 套筒扳手
  C. 梅花扳手   D. 扭力扳手
(3) 如要测量气缸的磨损量及内径,一般采用哪个量具?（   ）。
  A. 量缸表   B. 游标卡尺
  C. 钢尺   D. 螺旋测微仪
(4) 以下哪种钳子是用来切断电线,剥除电线的绝缘层和剥除开口销之类的物体的?
  （   ）。
  A. 尖嘴钳   B. 偏口钳
  C. 组合钳   D. 卡簧钳

（二）技能评价

表1-3 技能评价表

序号	内　容	分值	得分
1	规范、熟练地使用开口扳手、套筒、扭力扳手	30	
2	规范、熟练地使用钳子类工具	20	
3	规范、熟练地使用螺钉旋具类工具	20	
4	规范、熟练地使用手锤类工具	10	
5	规范、熟练地使用量具类工具	20	
	总分	100	

（注：操作规范即得分，操作错误或未进行操作即0分）

项目二 发动机总成认识

项目导入

　　发动机是汽车的心脏,为汽车的行驶提供动力,简单来说,发动机就是一个能量转化机构,能将某一种形式的能量转化为机械能。它利用燃料在气缸内燃烧所产生的热能使气体膨胀以推动曲柄连杆机构运动,并通过传动系驱动汽车行驶。它关系着汽车的动力性、经济性、环保性。

　　本项目主要通过对发动机总成理论知识的学习,从整体上认识发动机总成,为后续的任务学习做铺垫。

发动机的功能是为汽车运行提供动力

学习目标

素养目标
- 了解安全操作要求,养成安全文明操作的习惯。
- 养成组员之间互相协作的习惯。
- 实施操作结束后,清洁工具,并将工具设备归位,清洁场地。

技能目标
- 能够在实车上快速准确找到发动机各部件的位置。

知识目标
- 能够描述发动机的构造组成、类型、功能及工作原理。
- 了解发动机各组成部件之间相互协调的工作过程。

学习任务

学习任务
- 认知汽车发动机总成

项目二　发动机总成认识

学习任务　认知汽车发动机总成

任务目标

任务目标
◎ 能够指出发动机在汽车上所处的位置。
◎ 能够描述发动机构造的组成及发动机的各种类型。
◎ 认识发动机各个组成部件并指出其在发动机上所处的位置。

学习重点
◎ 发动机的组成及其工作原理。

知识准备

（一）汽车发动机总成概述

汽油发动机由两大机构和五大系统组成：曲柄连杆机构、配气机构、冷却系统、润滑系统、燃油供给系统、点火系统、起动系统。

图2-1　发动机总成

图2-2　发动机安装位置

1. 曲柄连杆机构

曲柄连杆机构（见图2-3）的作用是把燃料燃烧产生的热能转换为机械能，具体表现为使气缸内的高温高压气体推动活塞在气缸内做直线往复运动，再通过连杆带动曲轴做旋转运动。曲柄连杆机构由机体组、活塞连杆组和曲轴飞轮组三部分组成。

2. 配气机构

在进气行程将可燃混合气或空气导入气缸,在排气行程将燃烧完的废气及时排出。配气机构由气门组、气门传动组和气门驱动组组成,见图2-4。

图2-3 曲柄连杆机构　　　　　图2-4 配气机构

3. 冷却系统

冷却系统(见图2-5)使高温下工作的发动机零部件得到良好的冷却,保证发动机在正常的温度下工作,实现良好的经济性。冷却方式有水冷式和风冷式。现代汽车发动机多采

图2-5 冷却系统

用水冷式冷却系统,由水泵、散热器、风扇、节温器和水套等组成。

4. 润滑系统

润滑系统(见图2-6)使相对高速运动的发动机内部各种摩擦副能得到有效润滑,降低摩擦力,减少磨损,带走摩擦产生的热量,清洗摩擦表面,延长发动机的寿命。润滑系统主要由机油泵、机油滤清器、限压阀、油底壳等组成。

图2-6 润滑系统

5. 燃油供给系统

汽油机燃油供给系统(见图2-7)分为化油器式和燃油直接喷射式两种,都是给汽油机燃烧室内提供可燃混合气。柴油机燃油供给系统是给柴油机燃烧室适时适量地提供雾化的柴油。

图2-7 燃油供给系统

6. 点火系统

汽油机必须经过点火才能正常工作。压缩终了时,可燃混合气由火花塞产生的电火花点燃,使混合气燃烧做功。点火系统有传统点火系统、电子传统系统和微机控制点火系统等类型。点火系统由电源(蓄电池和发电机)、点火线圈、分电器和火花塞等组成,见图2-8。

7. 起动系统

起动系统使处于静止状态的发动机运转。通过起动机带动飞轮使发动机曲轴转动,达到混合气燃烧做功所需要的起动转速。起动系统由起动机和起动继电器组成,见图2-9。

图2-8 微机控制点火系统　　　图2-9 起动系统

(二) 发动机的类型

内燃机根据其将热能转化为机械能的主要构件的形式不同,可以分为活塞式内燃机和燃气轮机两大类。前者又可按活塞运动方式分为往复活塞式和旋转活塞式两种。往复活塞式发动机是现代内燃机的主流。活塞在气缸中做往复的直线运动,经连杆、曲轴等传动变为旋转运动。各型汽车、船舶等运输用发动机及发电、工程机械、农业机械所用的发动机,大部分采用往复活塞式发动机。往复活塞式发动机按照点火方式、工作循环、凸轮轴的位置及凸轮轴数、气缸排列、使用燃料、冷却方式等,又可分为很多不同的形式。

1. 按照点火方式分类

按照点火方式分为点燃式发动机(汽油发动机、液化石油气发动机、双燃料发动机)和压燃式发动机(柴油发动机、重油发动机)。

2. 按照工作循环方式分类

按照工作循环方式分为四冲程发动机和二冲程发动机。

3. 按照凸轮轴的位置及凸轮轴数分类

按照凸轮轴位置分为凸轮轴装在气缸盖上（凸轮轴顶置）和凸轮轴装在气缸体内（凸轮轴中置又称为气门顶置式）；按照凸轮轴数分类分为单凸轮轴发动机、双凸轮轴发动机、四凸轮轴发动机。

4. 按照使用燃料分类

按照使用燃料可分为汽油发动机、柴油发动机、液化石油气发动机、双燃料发动机。

5. 按照气缸的数目及排列方式分类

按照气缸的数目可分为单气缸发动机和多气缸发动机；按照气缸的排列方式可分为直列式发动机、V型发动机、辐射式发动机、水平对置式发动机。

6. 按照冷却方式分类

按照冷却方式分类可分为水冷式发动机和风冷式发动机。

目前，现代汽车以采用四冲程、多缸、水冷、顶置凸轮轴的发动机为主。

气缸的冷却

（三）往复活塞式发动机的工作原理

发动机是汽车的动力装置。现代汽车一般采用往复活塞式内燃机，它将液体或气体燃料的化学能通过燃烧转化为热能，再将热能通过机械系统转化为机械能对外输出动力。见图2-10。

图2-10 发动机功用

对于往复活塞式发动机来说,都必须经过吸入空气或可燃混合气(进气),压缩进入气缸的空气或可燃混合气,点火使可燃混合气燃烧而膨胀做功,将燃烧生成的废气排出气缸(排气)这样一个个工作循环。

四冲程发动机曲轴转两圈,活塞在气缸内依次往复运动经历进气、压缩、做功和排气四个行程,完成一个工作循环。

1. 四冲程汽油机发动机工作原理

- **进气行程**

进气过程中,进气门开启,排气门关闭。活塞从气缸上止点运动到下止点,活塞上方的气缸容积增大,气缸内的压力①下降。当压力降低到低于大气压时,气缸内形成负压,可燃混合气便经进气门被吸入气缸。进气行程见图2-11。

图 2-11 进气行程

- **压缩行程**

压缩过程中,进、排气门全部关闭,活塞从下止点向上止点移动将可燃混合气压缩,使其容积缩小,密度加大,温度升高,活塞到达上止点时压缩终了,混合气被压缩到燃烧室中。压缩行程见图2-12。

- **做功行程**

做功过程中,进、排气门仍旧关闭,当活塞接近压缩上止点时,装在气缸体上的火花塞发出电火花,点燃被压缩的可燃混合气。可燃混合气燃烧后,高温、高压燃气推动活塞从上止点迅速向下止点运动,通过连杆使曲轴旋转并输出机械能。做功行程见图2-13。

---

① 注:本书中所出现的"压力"一词为生产一线的习惯叫法,实为"压强"。

图 2-12 压缩行程

图 2-13 做功行程

- 排气行程

排气过程中,排气门开启,进气门关闭。活塞由下止点向上止点运动,将废气强制排出气缸,以便进行下一工作循环。排气行程见图 2-14。

2. 四冲程柴油发动机工作原理

四冲程柴油发动机和汽油发动机一样,完成一个工作循环也要经历进气、压缩、做功和排气四个行程,但由于柴油机使用的燃料是柴油,柴油相对于汽油来说,其粘度大、挥发性差、自燃温度低,所以柴油发动机在混合气形成,点火方式上和汽油发动机有明显的不同之处。

- 进气行程

汽油机在进气行程中吸入的是可燃混合气,而柴油发动机吸入的是纯空气。

图 2-14 排气行程

- **压缩行程**

汽油机在压缩行程中压缩的是可燃混合气,柴油机压缩的是空气。柴油机靠压缩自燃,其压缩比远大于汽油机,压缩终了时气体压强可达 3~5 MPa,温度可达 500~700℃。

- **做功行程**

压缩行程末,喷油泵将高压柴油经喷油器呈雾状喷入气缸高压、高温的气体中,迅速形成混合气。混合气在高温下自行着火燃烧,同时保持边喷射边燃烧,由燃烧产生的高温、高压气体推动活塞下行做功。该行程中,瞬时最高压强达 5~10 MPa,温度达 1 500~1 900℃。

- **排气行程**

排气行程和汽油机基本相同,排气终了压强为 0.105~0.125 MPa,温度为 500~700℃。

总之,四冲程发动机完成一个工作循环,经历进气、压缩、做功和排气四个行程,发动机的正常运转就是工作循环连续不断交替。曲轴每转两圈(720°)完成一个工作循环,一个行程对应曲轴转角为 180°。做功和进气行程活塞从上止点向下止点运动;压缩和排气行程活塞从下止点向上止点运动。四个行程中,只有做功行程是有效输出动力行程;其余三个行程是辅助行程,靠飞轮惯性维持转动,因而飞轮转速是不均匀的,必须具有足够的转动惯量才能保证发动机运转平稳。现代汽车发动机采用多个气缸,按照一定的工作顺序来保证发动机运转平稳。

(一)实施方案

1. 质量要求

参照厂家的质量标准要求。

2. 组织方式

每四位同学一组,观察2007款卡罗拉1.6L/AT轿车1ZR-FE发动机所处的位置,认识发动机的构造,按照企业岗位操作规范进行作业。每组作业时间为__30__分钟。

3. 作业准备

(1) 技术要求与标准:

① 进入场地前根据工作安全操作手册的要求穿好工衣;

② 养成工具、零部件、油液"三不落地"的职业习惯,工具及拆下的零部件等都应整齐地放置在工具车及零件盘中。

表2-1　2007款卡罗拉1.6L/AT轿车发动机参数

名称	参数	名称	参数
发动机型号	1ZR-FE	气缸容积(cc)	1 598
进气方式	自然吸气	气缸排列形式	L
气缸数(个)	4	每缸气门数(个)	4
压缩比	10	配气机构	DOHC
缸径(mm)	80.5	冲程(mm)	78.5
最大马力(Ps)	122	最大功率(kw)	90
最大功率转速(rpm)	6 000	最大扭矩(Nm)	154
最大扭矩转速(rpm)	5 200	发动机特有技术	双VVT-i
燃油类型	汽油	燃油标号	93号(京92号)
供油方式	多点电喷	缸盖材料	铝
缸体材料	铝	排放标准	国Ⅳ

(2) 设备器材:常用工具一套(见图2-15)。

(3) 场地设施:带消防设施的场地。

(4) 设备设施:2007款卡罗拉1.6L/AT轿车、1ZR-FE发动机台架、工具车、零件车、垃圾桶。

(5) 耗材:干净抹布。

(二) 操作步骤

识别发动机两大机构和五大系统及其安装位置

(1) 铺好"三件套",打开车前盖;

(2) 找到发动机,观察其在汽车上所处的位置;

(3) 认识曲柄连杆结构并指出其在发动机上的安装

常用工具(一套)

图2-15　设备器材

位置；

(4) 认识配气系统并指出其在发动机上的安装位置；
(5) 认识燃油供给系统并指出其在发动机上的安装位置；
(6) 认识冷却系统并指出其在发动机上的安装位置；
(7) 认识点火系统并指出其在发动机上的安装位置；
(8) 认识起动系统并指出其在发动机上的安装位置。

1. 发动机组成

汽油发动机由两大机构和五大系统组成：曲柄连杆机构、配气机构、冷却系统、润滑系统、燃油供给系统、点火系统、起动系统。

2. 发动机类型

发动机可分为活塞式内燃机和燃气轮机两大类。活塞式内燃机又可分为往复活塞式和旋转活塞式两种。往复活塞式发动机按照点火方式、工作循环、热力循环、凸轮轴的位置及凸轮轴数、气缸排列、使用燃料、冷却方式等不同，又可分为很多不同的形式。

3. 往复活塞式发动机的工作原理

（1）四冲程汽油机工作原理。
（2）四冲程柴油机工作原理。

四冲程发动机完成一个工作循环，经历进气、压缩、做功和排气四个行程，发动机的正常运转就是工作循环连续不断交替。

（一）课堂练习

1. 判断题

（1）发动机是由五大机构和二大系统组成的。（   ）
（2）往复活塞式内燃机完成一个工作循环活塞往复次数都是相同的。（   ）
（3）发动机的作用是将化学能通过燃烧转化为热能，再通过受热气体膨胀将热能转化为机械能。（   ）
（4）柴油机的压缩比大于汽油机。（   ）
（5）四冲程柴油机在进气过程中，进入气缸的是空气。（   ）

2. 选择题

（1）气缸压强小于大气压的行程是？（   ）。

  A. 压缩行程   B. 做功行程   C. 进气行程   D. 排气行程

（2）四冲程汽油发动机在进气过程中,吸进去的是(　　)。

  A. 纯空气   B. 氧气   C. 可燃混合气   D. 纯燃料

（3）四冲程发动机一个工作循环中曲轴共旋转(　　)。

  A. 4 周   B. 3 周   C. 2 周   D. 1 周

（二）技能测评

表 2-2 技能评价表

序号	内容	分值	得分
1	铺好"三件套",拉开车前盖	10	
2	找到发动机,观察其在汽车上所处的位置	10	
3	认识曲柄连杆结构并指出其在发动机上的安装位置	15	
4	认识配气系统并指出其在发动机上的安装位置	15	
5	认识燃油供给系统并指出其在发动机上的安装位置	10	
6	认识冷却系统并指出其在发动机上的安装位置	10	
7	认识点火系统并指出其在发动机上的安装位置	10	
8	认识起动系统并指出其在发动机上的安装位置	10	
9	做好"6S"工作	10	
	总分	100	

（注：操作正确即得分,操作错误或未进行操作即 0 分）

学习拓展

1. 发动机常用术语

（1）上止点（TDC）：活塞最高位置，即活塞在气缸中向上运动所能到达最高点。见图2-16。

（2）下止点（BDC）：活塞最低位置，即活塞在气缸中向下运动所能到达最低点。见图2-17。

图2-16 上止点　　　　　　图2-17 下止点

（3）活塞行程（S）：活塞往复直线运动时路径，即上、下止点之间的距离。见图2-18。

（4）曲柄半径（R）：曲轴与连杆大端相连接的曲柄销中心线到曲轴回转中心线距离。见图2-19。

图2-18 活塞行程　　　　　　图2-19 曲轴半径

(5) 气缸工作容积(V_h)：也被称为气缸排量，是指一个气缸中活塞从上止点到下止点所让出的空间容积。见图2-20。

(6) 发动机排量(V_L)：发动机所有气缸工作容积的总和。见图2-21。

图2-20 气缸工作容积　　　　图2-21 发动机排量

(7) 燃烧室容积(Vc)：活塞在上止点时，活塞顶上面空间的容积。见图2-22。

(8) 气缸总容积(Va)：活塞在下止点时，活塞顶上面空间的容积。见图2-23。

图2-22 燃烧室容积　　　　图2-23 气缸总容积

(9) 压缩比(ε)：气缸总容积与燃烧室容积的比值。见图2-24。

图 2-24　压缩比

2. 发动机型号编制规则

为了便于发动机的生产管理和使用修理,我国制定了《内燃机产品名称和型号编制规则》。标准主要内容如下:

（1）内燃机产品名称应符合《GB/T 1883.1》的规定,均按所采用的燃料命名,例如柴油机、汽油机、天然气机。

（2）内燃机型号由阿拉伯数字、汉语拼音字母或国际通用英文缩略字母组成。

图 2-25　汽车发动机铭牌

（3）内燃机型号主要由首部、中部、后部和尾部四部分组成:

第一部分由制造商代号或系列符号组成,该部分代号由制造商根据需要选择相应 1～3 位字母表示。

第二部分由气缸数、气缸布置形式符号(如 V 形、H 形、X 形等)、冲程形式符号和缸径符号(也可用发动机排量或功率数表示,其单位由制造商自定)组成。

第三部分为结构特征和用途特征符号。

第四部分为区分符号。同系列产品需要区分时,允许制造商选用适当符号表示。

图 2-26　发动机型号

项目三 曲柄连杆机构结构与拆装

项目导入

曲柄连杆机构是发动机的重要组成部件,是往复活塞式发动机将热能转换为机械能的主要机构。曲柄连杆机构的作用是提供燃烧场所,把燃料燃烧后产生的气体作用于活塞顶上的膨胀压力转变为曲轴旋转的转矩,不断输出动力。

本项目主要通过对曲柄连杆机构进行拆装作业,使学生认识并理解其主要机件的结构和原理。

学习目标

素养目标
- 了解安全操作要求,养成安全文明操作的习惯。
- 养成组员之间互相协作的习惯。
- 实施操作结束后,清洁工具,并将工具设备归位,清洁场地。

技能目标
- 根据技术标准对曲柄连杆机构的气缸盖、油底壳、活塞连杆组件和曲轴飞轮组件进行拆装。

知识目标
- 能够描述曲柄连杆机构结构组成、功用。
- 阐述曲柄连杆机构组成的各主要部件,指出其所处位置,说出各主要部件之间的关系。
- 能够按照汽车维修操作流程,规范、熟练地对曲柄连杆机构的气缸盖、油底壳、活塞连杆组件和曲轴飞轮组件进行拆装作业。

学习任务

学习任务 1
- 认知曲柄连杆机构

学习任务 2
- 气缸盖和气缸垫拆装

学习任务 3
- 油底壳拆装

学习任务 4
- 活塞连杆组拆装

学习任务 5
- 曲轴飞轮组拆装

学习任务 1　认知曲柄连杆机构

任务目标
◎ 能够正确描述曲柄连杆机构的组成、功用。
◎ 能够指出曲柄连杆机构在发动机上所处的位置，认识其主要部件的外形结构及其连接关系。

学习重点
◎ 曲柄连杆机构的组成、功用。

知识准备

1. 曲柄连杆机构的组成

曲柄连杆机构主要由三部分组成：机体组、活塞连杆组和曲轴飞轮组，见图 3-1。
（1）机体组由气缸盖、气缸垫、气缸体及油底壳等组成；——不动件
（2）活塞连杆组由活塞、活塞环、活塞销、连杆等部件组成；
（3）曲轴飞轮组由曲轴、飞轮以及其他具有不同作用的零件和附件组成； }运动件

(a) 机体组　　　　　　　(b) 活塞连杆组　　　　　　　(c) 曲轴飞轮组

图 3-1　曲柄连杆机构组成

2. 曲柄连杆机构的功用

曲柄连杆机构的功用是把燃气作用在活塞顶上的压力转变为曲轴的转矩，对外输出机

械能。它将活塞的往复直线运动转换为曲轴的旋转运动。见图3-2。

机体组的功用：发动机骨架、安装各机构系统的基础。

活塞连杆组、曲轴飞轮组的功用：属于主要工作机构，实现能量、运动转换。

图3-2 曲柄连杆机构功用

（一）实施方案

1. 质量要求

参照厂家的质量标准要求。

2. 组织方式

每四位同学一组，按照企业岗位操作规范在2007款卡罗拉1.6L/AT轿车1ZR-FE发动机上找到曲柄连杆机构所处的位置，识别曲柄连杆结构的外形结构，并指出曲柄连杆机构主要组成部件的外形结构及所处的位置。每组作业时间为__30__分钟。

3. 作业准备

（1）技术要求与标准：

① 进入场地前根据工作安全操作手册的要求穿好工作服；

② 养成工具、零部件、油液"三不落地"的职业习惯，工具及拆下的零部件等都应整齐地放置在工具车及零件盘中。

（2）设备器材：常用工具一套（见图3-3）。

（3）场地设施：带消防设施的场地。

常用工具(一套)

图3-3 设备器材

(4) 设备设施：2007 款卡罗拉 1.6L/AT 轿车 1ZR-FE 发动机一台、发动机台架、工具车、零件车、垃圾桶。

(5) 耗材：干净抹布、泡沫清洁剂。

（二）操作步骤

识别发动机曲柄连杆机构的组成部件：

(1) 找出曲柄连杆机构在发动机上所处的位置，认识其外形结构；

(2) 找出曲柄连杆机构的机体组，观察其外形结构，指出安装位置；

(3) 找出曲柄连杆机构的活塞连杆组，观察其外形结构，指出安装位置；

(4) 找出曲柄连杆机构的曲轴飞轮组，观察其外形结构，指出安装位置。

1. 曲柄连杆机构的组成

曲柄连杆机构主要由机体组、活塞连杆组和曲轴飞轮组组成。

2. 曲柄连杆机构的功用

曲柄连杆机构的功用是把燃气作用在活塞顶上的压力转变为曲轴的转矩，对外输出机械能。它将活塞的往复直线运动转换为曲轴的旋转运动。

（一）课堂练习

1. 判断题

(1) 曲柄连杆机构的功用是将活塞的往复运动转变为曲轴的旋转运动。（　　）

(2) 活塞往复运动是匀速运动。（　　）

2. 单选题

(1) 曲柄连杆机构主要由（　　）组成。

    A. 机体组

    B. 活塞连杆组

    C. 曲轴飞轮

    D. 以上三者都是

(2) 以下哪一项不属于活塞连杆组？（　　）。

    A. 气缸体　　　　　　　　　　B. 活塞

    C. 活塞环　　　　　　　　　　D. 活塞销和连杆

（二）技能评价

表 3-1 技能评价表

序号	内　　容	分值	得分
1	找出曲柄连杆机构在发动机上所处的位置，认识其外形结构	25	
2	找出曲柄连杆机构的机体组，观察其外形结构，指出安装位置	25	
3	找出曲柄连杆机构的活塞连杆组，观察其外形结构，指出安装位置	25	
4	找出曲柄连杆机构的曲轴飞轮组，观察其外形结构，指出安装位置	25	
	总分	100	

（注：操作规范即得分，操作错误或未进行操作即 0 分）

项目三　曲柄连杆机构结构与拆装

学习任务 2　气缸盖和气缸垫拆装

任务目标

任务目标
◎ 能够正确描述曲柄连杆机构中机体组的组成。
◎ 能够正确描述曲柄连杆机构中机体组气缸盖、气缸垫的结构和功用。
◎ 按照汽车维修操作要求，规范、熟练地对曲柄连杆机构的气缸盖进行拆装。

学习重点
◎ 气缸盖拆装的任务实施。

知识准备

（一）机体组组成

机体组是发动机的支架，是曲柄连杆机构、配气机构和发动机各系统主要零件的装配基体。它主要由气缸体、气缸盖、气缸垫、曲轴箱和油底壳等组成。见图 3-4。

图 3-4　机体组组成

气缸体上半部有一个或若干个圆柱形空腔称为气缸，引导活塞在其中运动。气缸体内还加工有引导润滑油的油道及让冷却液流通的冷却水套。见图 3-5。

图 3-5 气缸体结构

（二）气缸盖

1. 气缸盖结构

气缸盖是什么？

气缸盖上安装着进排气门、气门摇臂（或凸轮轴）、火花塞（或喷油器）及进、排气歧管。气缸盖内有与气缸体相通的冷却水套、润滑油道、火花塞座孔、喷油器座孔以及燃烧室、进排气道等。见图 3-6、3-7。

图 3-6 气缸盖安装位置及结构

图 3-7 气缸盖结构

2. 气缸盖功用

气缸盖用来封闭气缸的上部,并与活塞顶、气缸壁共同构成一个密闭的可变空间(燃烧室)。见图3-8。

图3-8 气缸盖功用

(三) 气缸垫

1. 气缸垫结构

气缸垫安装在气缸盖和气缸体中间,安装时要定向安装,见图3-9。气缸垫通常是一次性使用。

图3-9 气缸垫安装位置及结构

2. 气缸垫功用

气缸垫用来保证气缸体与气缸盖结合面间的密封,见图3-10。

图 3-10　气缸垫功用

（一）实施方案

1. 质量要求

参照厂家的质量标准要求。

2. 组织方式

每四位同学一组，按照企业岗位操作规范识别 2007 款卡罗拉 1.6L/AT 轿车 1ZR-FE 发动机上曲柄连杆机构的机体组的外形结构，对机体组中的气缸盖和气缸垫进行拆装。每组作业时间为　45　分钟。

3. 作业准备

（1）技术要求与标准：

① 安装气缸盖前需清洁与检查气缸盖接合面。

② 安装气缸盖固定螺栓时，需按规定顺序分次拧紧。

（2）设备器材：常用工具一套、磁力吸棒、定扭扳手等（见图 3-11）。

(a) 常用工具（一套）

(b) 磁力吸棒

（c）定扭扳手

图 3-11　设备器材

（3）场地设施：带消防设施的场地。

（4）设备设施：2007 款卡罗拉 1.6L/AT 轿车 1ZR-FE 发动机一台、发动机台架、工具车、零件车、垃圾桶。

（5）耗材：干净抹布、泡沫清洁剂。

（二）操作步骤

1. 拆卸气缸盖

（1）拆卸气缸盖分总成。

① 从气缸盖两边到中间，按对角的顺序，用 10 mm 双六角套筒、接杆、指针式扭力扳手，分步均匀地松开 10 个气缸盖螺栓。用棘轮扳手拆下螺栓，用磁力吸棒吸取 10 个平垫圈。见图 3-12、3-13。

图 3-12　松开螺栓

更换气缸盖和气缸垫

图 3-13　使用磁力吸棒

◇ 螺栓拆卸顺序不正确可导致气缸盖翘曲或开裂。

② 使用头部缠有胶带的螺丝刀，撬动气缸盖和气缸体之间的部位，拆下气缸盖。见图 3-14。

图 3-14　使用缠有胶带的螺丝刀

> 注意事项
> ◇ 按照维修手册规定位置进行撬动。

图 3-15　拆卸气缸盖衬垫

（2）拆卸气缸盖衬垫。
用铲刀将气缸垫从气缸体上铲下，见图 3-15。

2. 安装气缸盖

（1）安装气缸盖衬垫。
将衬垫放在气缸体表面上，并使印有批次号的一面朝上。见图 3-16。

图 3-16　安装气缸盖衬垫

> 注意事项
> ◇ 清除接触面上的所有机油。
> ◇ 确保衬垫按正确的方向安装。

图 3-17　对准定位销

（2）安装气缸盖分总成。
① 对准定位销，见图 3-17，将气缸盖平稳放到气缸体上。

> 注意事项
> ◇ 在对准定位销时注意气缸盖不要滑动，以免定位销损伤气缸盖下平底面。

② 在螺栓的螺纹和与垫圈相接触的螺栓头下的部位,涂抹一薄层发动机机油。

③ 将螺栓和平垫圈安装至气缸盖,见图3-18。

图3-18 安装平垫圈

④ 从气缸盖中间到两边按对角线的顺序,用10 mm双六角套筒、接杆、棘轮扳手,分步均匀对10个气缸盖固定螺栓和平垫圈进行预紧。再选用扭力扳手进行紧固,将螺栓紧固至49 N·m。见图3-19。

图3-19 预紧螺栓

⑤ 用油漆在气缸盖螺栓前端做标记。

⑥ 将气缸盖螺栓再次用指针式扭力扳手旋转紧固90°,然后再旋转紧固45°。见图3-20。

图3-20 紧固螺栓

 任务小结

1. 气缸盖功用
气缸盖用来封闭气缸的上部,并与活塞顶、气缸壁共同构成燃烧室。

2. 气缸垫功用
气缸垫用来保证气缸体与气缸盖结合面间的密封。

3. 拆卸气缸盖操作的主要步骤
拆卸气缸盖、拆卸气缸垫。(安装时顺序相反)

拆卸气缸盖时注意事项:

(1)拆卸气缸盖螺栓时,需按由外到内对角的顺序拆卸。

(2)安装时按由中间向两边对角的顺序,分次拧紧螺栓。

（3）安装气缸垫时，批次号需要朝上摆放。

（4）安装气缸盖时，需要在规定扭矩旋紧后，旋转紧固 90°再旋转紧固 45°。

（一）课堂练习

1. 判断题

（1）安装气缸垫时，印有批次号的一面应朝下。（　　）

（2）气缸盖是用来封闭气缸的上部，并与活塞顶、气缸壁共同构成燃烧室。（　　）

（3）安装气缸盖螺栓时，可以按随意顺序进行安装固定。（　　）

（4）安装气缸盖螺栓时，需要用定扭扳手旋转 90°再旋转 45°加以紧固。（　　）

（5）拆卸气缸盖前，需要用头部缠有胶带的螺丝刀进行撬动。（　　）

2. 单选题

（1）在拆卸气缸盖时，应采取的方式是（　　）。
　　A. 圆圈式顺序拆卸　　　　　　B. 由外到内对角线拆卸
　　C. 由内到外对角线拆卸　　　　D. 任意拆卸

（2）用扭力扳手紧固气缸盖螺栓后，需要再用指针式扭力扳手按（　　）。
　　A. 先 45°再 45°紧固　　　　　B. 先 90°再 90°紧固
　　C. 先 45°再 90°紧固　　　　　D. 先 90°再 45°紧固

（3）紧固气缸盖螺栓的扭矩为（　　）。
　　A. 30 N·m　　B. 40 N·m　　C. 49 N·m　　D. 59 N·m

（4）气缸盖是用来封闭气缸的上部，并与（　　）、气缸壁共同构成燃烧室。
　　A. 活塞头部　　B. 活塞顶部　　C. 活塞裙部　　D. 活塞底部

（二）技能评价

表 3-2　技能评价表

序号	内　　容	分值	得分
1	使用指针式扭力扳手按照从两端到中间对角的顺序依次拧松 10 个气缸盖螺栓	10	
2	使用棘轮扳手拆卸 10 个气缸盖螺栓	10	
3	使用磁力吸棒拆卸气缸盖螺栓垫圈	5	
4	使用一字螺丝刀在规定位置撬动气缸盖与气缸体接触面	5	

续 表

序号	内　　容	分值	得分
5	使用铲刀铲起气缸垫	5	
6	安装气缸垫,保证气缸垫批次号朝上	5	
7	安装气缸盖螺栓垫圈	5	
8	润滑并安装气缸盖螺栓	5	
9	使用棘轮扳手预紧气缸盖螺栓	10	
10	使用扭力扳手调节扭矩:49 N·m	5	
11	使用扭力扳手按照从中间到两端对角的顺序紧固10个气缸盖螺栓	10	
12	使用油漆标记10个气缸盖螺栓	5	
13	使用指针式扭力扳手按照从中间的两端的顺序依次转动10个气缸盖螺栓90°	10	
14	使用指针式扭力扳手按照从中间的两端的顺序依次转动10个气缸盖螺栓45°	10	
总分		100	

(注:操作规范即得分,操作错误或未进行操作即0分)

学习任务 3　油底壳拆装

任务目标

◎ 能够正确指出油底壳的安装位置，识别油底壳的外形结构。
◎ 能够正确描述曲柄连杆结构中油底壳的功用。
◎ 依据汽车维修操作要求，规范、熟练地对曲柄连杆机构的油底壳进行拆装。

学习重点

◎ 油底壳拆装的任务实施。

知识准备

油底壳认识

1. 油底壳结构

图 3-21　油底壳安装位置及结构

油底壳（见图 3-21）一般为薄钢板冲压而成，有的发动机为了加强散热效果采用铝合金铸造。它的形状取决于发动机的总体布置和所需机油的容量。

油底壳中后部一般做得较深，以便发动机纵向倾斜时机油泵仍能吸到机油。底部装有磁性的放油螺栓。放油螺栓的密封垫为一次性使用，拆过后即要予以更换。

2. 油底壳功用

油底壳主要用来储存机油（润滑油）并封闭曲轴箱。同时，底部的磁性放油螺栓能吸附机油中的金属屑，以减少发动机中运动零件的磨损。见图3-22。

图3-22 油底壳功用

（一）实施方案

1. 质量要求

参照厂家的质量标准要求。

2. 组织方式

每四位同学一组，按照企业岗位操作规范识别2007款卡罗拉1.6L/AT轿车1ZR-FE发动机上曲柄连杆机构结构中油底壳的外形结构，并对油底壳进行拆装作业。每组作业时间为__45__分钟。

3. 作业准备

（1）技术要求与标准：

① 装配零部件前需对部件进行清洗与检查；

② 涂抹密封胶后须在3分钟内安装油底壳；

③ 安装油底壳后，至少2个小时内不能起动发动机。

（2）设备器材：常用工具一套，油底壳密封刮刀（见图3-23）。

（3）场地设施：带消防设施的场地。

（4）设备设施：2007款卡罗拉1.6L/AT轿车1ZR-FE发动机一台、发动机台架、工具车、零件车、垃圾桶。

（5）耗材：干净抹布、泡沫清洁剂。

(a) 常用工具(一套)　　(b) SST 09032－00100 油底壳密封刮刀

图 3－23　设备器材

（二）操作步骤

1. 拆卸油底壳

（1）用 10 mm 双六角套筒、接杆、棘轮扳手，按图 3－24 所示顺序拆下 10 个螺栓 2 个螺母。

图 3－24　拆卸螺栓和螺母

（2）将专用工具油底壳密封刮刀的刃片插入曲轴箱和油底壳之间，切断密封胶并拆下油底壳，见图 3－25。

图 3－25　拆下油底壳

◇ 小心不要损坏曲轴箱、链条盖和油底壳的接触面。

2. 安装油底壳

（1）使用铲刀，清除油底壳接触面上所有旧的填料，见图 3－26，清除后用抹布将接触面擦拭干净。

图 3－26　清除旧填料

◇ 不要将机油滴在气缸体和油底壳的接触面上。

（2）在油底壳上涂抹一条连续的密封胶（如图 3-27 所示形状，直径 4.0 mm）。密封胶：丰田原厂黑密封胶、Three Bond 1207B 或同等产品。

图 3-27 涂抹密封胶

◇ 涂抹密封胶后须在 3 分钟内安装油底壳。

（3）用 10 mm 双六角套筒、接杆、棘轮扳手和定扭扳手，按图 3-28 所示顺序将 10 个螺栓和 2 个螺母分次拧紧并紧固至 10 N·m，完成油底壳安装。

图 3-28 拧螺栓和螺母

 任务小结

1. 油底壳
油底壳中部或后部做得较深，在油底壳中还设有挡油板，底部装有磁性的放油螺栓。

2. 油底壳作用
油底壳的作用是储存机油并封闭曲轴箱。磁性放油螺栓用以吸附机油中的金属杂质。

3. 拆装油底壳时注意事项
（1）拆卸油底壳螺栓时，需按对角的顺序进行拆卸。
（2）安装油底壳螺栓时，需按由内向外对角的顺序，分次紧固螺栓。
（3）拆卸油底壳时，用专用工具（油底壳密封刮刀）切开密封胶。
（4）安装油底壳时，涂抹密封胶后须在 3 分钟内完成。

（一）课堂练习

1. 判断题

（1）油底壳底部装有磁性放油螺栓可吸附机油中铁屑,减少发动机磨损。（　　）

（2）卡罗拉发动机的油底壳是通过垫圈进行密封的。（　　）

（3）拆卸和安装油底壳螺栓时,可以按任意顺序拆卸。（　　）

（4）拆卸油底壳固定螺栓时,应按照从外到内对角线的形式拆卸。（　　）

2. 单选题

（1）以下哪项不是描述油底壳的功用?（　　）。

　　A. 储存机油　　　B. 吸附金属杂质　　C. 形成燃烧室　　D. 封闭曲轴箱

（2）在涂抹密封胶后,装上油底壳应在（　　）。

　　A. 1分钟内　　　B. 3分钟内　　　　C. 5分钟内　　　D. 10分钟内

（二）技能评价

表 3-3　技能评价表

序号	内　　容	分值	得分
1	使用棘轮扳手按规定顺序拆卸油底壳固定螺栓和螺母	10	
2	取下油底壳固定螺栓	5	
3	使用油底壳密封刮刀切开油底壳密封胶	10	
4	用铲刀清除油底壳上的旧涂料	10	
5	用抹布清洁油底壳与气缸体接触面	10	
6	按照工艺标准涂抹油底壳密封胶	10	
7	涂抹密封胶后3分钟内,安装完油底壳	10	
8	安装油底壳固定螺栓	5	
9	使用棘轮扳手按规定顺序预紧油底壳固定螺栓和螺母	10	
10	调整定扭扳手扭矩：10 N·m	10	
11	使用定扭扳手按照规定顺序紧固油底壳固定螺栓和螺母	10	
	总分	100	

（注：操作规范即得分,操作错误或未进行操作即0分）

学习任务 4　活塞连杆组拆装

任务目标

任务目标
◎ 能够正确描述活塞连杆组组成。
◎ 能够正确描述活塞结构和功用、活塞环、活塞销、连杆与连杆轴承结构和功能。
◎ 依据汽车维修操作要求,规范、熟练地对活塞连杆组进行拆装。

学习重点
◎ 活塞连杆组拆装的任务实施。

知识准备

1. 活塞连杆组组成

活塞连杆组安装在气缸体内,主要由活塞、活塞环、活塞销、连杆等机件组成。活塞连杆组将活塞的往复运动转变为曲轴的旋转运动,同时将作用于活塞上的力转变为曲轴对外输出的扭矩。见图3-29、3-30。

图3-29　活塞连杆组安装位置

图3-30　活塞连杆组结构

活塞认识

2. 活塞结构

活塞可分为三部分：活塞顶部、活塞头部和活塞裙部，见图 3-31。

图 3-31 活塞结构

（1）活塞顶部是燃烧室的组成部分，常制成不同的形状。汽油机活塞顶部多采用平顶或凹顶。有的活塞顶部有装配标记，装配时要指向发动机前端。

（2）活塞头部上面一般有 2～3 道槽用来安装气环，最下面一道用来安装油环。油环槽的底部钻有很多径向小孔被称为回油孔，使油环从气缸壁上刮下的多余润滑油经此流回油底壳。

（3）活塞裙部上开有圆孔用来安装活塞销，圆孔上有卡簧槽。活塞裙部用来引导活塞在气缸中做往复运动。

3. 活塞功用

活塞的主要作用是承受气缸中的气体压力，并将此压力通过活塞销传递给连杆，以推动曲轴旋转。活塞顶部还与气缸盖、气缸壁等共同组成燃烧室。见图 3-32。

图 3-32 活塞功用

4. 活塞环

活塞环（见图 3-33）是中间断开的弹性金属环，它包括气环和油环两种。活塞上部安装气环，下部为油环。活塞环装在活塞上时，环的开口相互错开，以卡罗

图 3-33 活塞环

拉为例三道环之间相互错开 120°。

- **气环**

气环用于保证活塞与气缸壁间的密封,防止气缸中的高温、高压燃气大量漏入曲轴箱,同时还将活塞顶部的大部分热量传给气缸壁,起到导热作用。见图 3-34。

图 3-34 气环功用

- **油环**

油环在活塞下行时,刮除气缸壁上多余的机油;在活塞上行时,将机油均匀涂布在气缸

图 3-35 油环功用

壁上。这样既可以防止机油窜入气缸燃烧,又可以减小活塞、活塞环与气缸壁的磨损与摩擦阻力。见图3-35。

5. 活塞销

活塞销通常用低碳钢或低碳合金钢做成空心圆柱体,它的作用是连接活塞和连杆,将活塞承受的气体作用力传给连杆。

6. 连杆与连杆轴承

连杆分为连杆小头、杆身和连杆大头三部分,见图3-36。

(1) 连杆小头用于安装活塞销,连接活塞。全浮式连杆小头内压有润滑衬套。

(2) 杆身多采用"工"字形断面,以提高其抗弯刚度。杆身内有纵向的压力油通道,以对活塞销进行压力润滑。

(3) 连杆大头通过轴承与曲轴的连杆轴颈相连。为便于安装,通常将连杆大头做成剖分式,上半身与杆身一体,下半部即为连杆盖,两者通过螺栓装合,其中有油道通向活塞销。

连杆轴承采用钢背和减磨层组成的分开式薄壁滑动轴承,内表面有油槽,用以贮油和保证润滑。

图3-36 连杆结构

7. 连杆与轴承功用

连杆与轴承的功用是连接活塞和曲轴,把活塞的往复运动转变为曲轴的旋转运动,并将活塞承受的力传给曲轴。见图3-37。

图 3-37 连杆与轴承功用

（一）实施方案

1. 质量要求

参照厂家的质量标准要求。

2. 组织方式

每四位同学一组，按照企业岗位操作规范识别 2007 款卡罗拉 1.6L/AT 轿车 1ZR-FE 发动机上曲柄连杆机构结构中的活塞连杆组的外形结构，并对活塞连杆组进行拆装作业。每组作业时间为 __45__ 分钟。

3. 作业准备

（1）技术要求与标准：

① 拆装活塞连杆组件时，活塞应处于下止点位置。

② 装配零部件前需对部件进行清洗与检查。

③ 轴承边缘到连杆边缘、轴承边缘到轴承盖边缘的距离为 0.7 mm。

④ 安装连杆螺栓时扭矩为：10 N·m。

（2）设备器材：常用工具一套，铰刀，游标卡尺，活塞环压缩器（见图 3-38）。

（3）场地设施：带消防设施的场地。

（4）设备设施：2007 款卡罗拉 1.6L/AT 轿车 1ZR-FE 发动机一台、发动机台架、工具车、零件车、垃圾桶。

（5）耗材：干净抹布、泡沫清洁剂。

(a) 常用工具(一套)

(b) 铰刀

(c) 游标卡尺

(d) 活塞环压缩器

图 3-38　设备器材

（二）操作步骤

活塞连杆组的拆装

图 3-39　去除积碳

1. 拆卸活塞连杆组

（1）拆卸带连杆的活塞分总成。

① 用铰刀去除气缸顶部的所有积碳，见图 3-39。

图 3-40　对准装配标记

② 检查并确认连杆和连杆盖上的装配标记相互对准以确保正确的重新装配，见图 3-40。

注意事项

◇ 连杆和连杆盖的装配标记是为了确保正确地重新安装。
◇ 若没有装配标记,用号码钢印在连杆盖侧面做好标记。

③ 用连杆螺栓套筒和棘轮扳手均匀松开2个连杆螺栓,见图3-41。

图 3-41 松开螺母

④ 用2个已拆下的连杆盖螺栓,通过左右摇动连杆盖,拆下连杆盖和下轴承,见图3-42。

图 3-42 拆下连杆盖和下轴承

 注意事项

◇ 连杆轴承应保持在连杆盖中。

⑤ 从气缸体的上部推出活塞连杆总成和上轴承,见图3-43。

图 3-43 推出活塞连杆

 注意事项

◇ 使轴承、连杆和连杆盖连在一起。
◇ 拆下后按正确的顺序摆放活塞和连杆总成。

图 3-44 拆卸活塞环组件

(2) 拆卸活塞环组件。

① 用活塞环扩张器拆卸 2 个压缩环。

② 用手拆下油环刮片和油环胀圈,见图 3-44。

(3) 拆卸连杆轴承。

① 若需更换连杆轴承时,从下连杆轴承盖上拆下连杆下轴承。

② 从连杆上拆下连杆上轴承。

2. 安装活塞连杆组

(1) 安装连杆轴承。

① 若更换了连杆轴承,则先将连杆轴承安装到连杆和轴承盖上,见图 3-45。

图 3-45 查看连杆轴承

② 用游标卡尺测量连杆边缘和轴承盖边缘与连杆轴承边缘间的距离,见图 3-46。

尺寸(A-B):0.7 mm 或更小。

图 3-46 拆下连杆盖和下轴承

注意事项

◇ 不要在轴承背面和连杆大头接触表面上涂抹发动机机油。

图 3-47 安装油环胀圈

(2) 安装活塞环组件。

① 用手安装油环胀圈和油环刮片,见图 3-47。

项目三　曲柄连杆机构结构与拆装

注意事项

◇ 安装胀圈和油环时,使其环端处于相反的两侧。
◇ 将胀圈牢固地安装至油环的内槽。

② 用活塞环扩张器安装 2 个压缩环,使油漆标记处于图示位置,见图 3-48。

图 3-48　安装压缩环

注意事项

◇ 安装 1 号压缩环,使代码标记 A1 朝上。
◇ 安装 2 号压缩环,使代码标记 A2 朝上。
◇ 油漆标记仅在新活塞上能检查到。重新使用活塞环时,检查各活塞环外形,将其安装到正确位置。

③ 放置活塞环应使活塞环端处于如图 3-49 所示位置。

图 3-49　放置活塞环

注意事项

◇ 各活塞环端必须错开。

(3) 安装带连杆的活塞分总成。
① 在气缸壁、活塞、连杆轴承表面上涂抹发动机机油,见图 3-50。

图 3-50　涂抹发动机油

② 先把曲轴的连杆轴颈转到下止点；活塞环开口按要求错开布置；使活塞标记朝前，用活塞环压缩器将活塞环压缩后的活塞连杆总成放入对应气缸内。见图3-51。

图3-51 安装活塞连杆

③ 用手锤木柄将活塞连杆轴承推入气缸，见图3-52。

图3-52 推入活塞连杆轴承

注意事项

◇ 将活塞连杆组装入气缸时，应使记号朝向机体前方。
◇ 使连杆盖与连杆的编号（或记号）相匹配。

④ 检查并确认连杆盖的凸起部分朝向正确的方向，见图3-53。

⑤ 在连杆盖螺栓的螺纹上和螺栓头下部涂抹一薄层发动机机油。

图3-53 注意朝前标记

（4）安装连杆盖螺栓。

① 用连杆螺栓套筒和棘轮扳手分几次交替拧紧连杆盖螺栓，再用定扭扳手将连杆盖螺栓紧固至20 N·m。见图3-54。

图3-54 拧紧连杆盖螺栓

② 用油漆在连杆螺栓前端做标记，见图 3-55。

图 3-55 用油漆做标记

③ 将连杆螺栓再次旋转紧固 90°，见图 3-56。

图 3-56 紧固连杆螺栓

1. 活塞连杆组的组成
活塞连杆组由活塞、活塞环、活塞销、连杆等主要机件组成。

2. 活塞连杆拆卸的主要步骤
拆卸带连杆的活塞分总成、拆卸活塞组件、拆卸连杆轴承。（安装时按照相反顺序进行）。

3. 活塞连杆组拆卸作业中需注意以下几点
（1）拆卸活塞连杆组前必须先用铰刀清除气缸上部积碳。

（2）用 2 个已拆下的连杆盖螺栓，通过左右摇动连杆盖有助于拆卸连杆盖。

（3）安装连杆轴承需要用游标卡尺测量连杆大端和轴承盖边缘与连杆轴承边缘间的距离。（边距之差≤0.7 mm）

（4）安装连杆螺栓时，用定扭扳手按照规定扭矩紧固后，需要再旋转拧紧 90°。

（一）课堂练习

1. 判断题

（1）活塞连杆组由活塞、活塞环和连杆 3 部分组成。（　　）

（2）拆卸了连杆盖螺栓后，可以轻松地将连杆盖取下。（　　）

（3）安装连杆盖螺栓，只要用扭力扳手用 20 N·m 的扭矩固定。（　　）

2. 单选题

（1）拆卸活塞连杆组之前，需先清除积碳使用的是（　　）。

　　A. 铲刀　　　　　B. 铰刀　　　　　C. 刮刀　　　　　D. 螺丝刀

（2）安装连杆轴承后，需要用游标卡尺测量连杆大端和轴承盖边缘与连杆轴承边缘间的距离，差值应小于（　　）。

　　A. 1.5 毫米　　　B. 1.0 毫米　　　C. 0.7 毫米　　　D. 0.4 毫米

（3）安装连杆盖螺栓时，需要按规定扭矩紧固后，再旋转紧固（　　）。

　　A. 45°　　　　　B. 90°　　　　　C. 135°　　　　　D. 180°

（4）以下哪项不是活塞连杆组的组成部件之一？（　　）。

　　A. 活塞环　　　　B. 活塞销　　　　C. 凸轮　　　　　D. 连杆

（5）安装活塞连杆组时，以下哪句描述是不正确的？（　　）。

　　A. 将连杆插入活塞时，不要使其接触机油喷嘴。

　　B. 使连杆盖与连杆的号相匹配。

　　C. 连杆盖螺栓的紧固分 3 步完成。

　　D. 不要在连杆轴承表面涂抹机油。

（二）技能评价

表 3-4　技能评价表

序号	内　　容	分值	得分
1	拆装带连杆的活塞分总成	25	
2	拆卸活塞环组件	10	
3	拆卸连杆轴承	10	
4	安装连杆轴承	10	
5	安装活塞环组件	10	
6	安装带连杆的活塞分总成	25	
7	安装连杆盖螺栓	10	
	总分	100	

（注：操作规范即得分，操作错误或未进行操作即 0 分）

学习任务 5　曲轴飞轮组拆装

任务目标

任务目标
◎ 能够正确描述出曲轴飞轮组的组成、结构、功用。
◎ 依据汽车维修操作要求,规范、熟练地对曲轴飞轮组进行拆装。

学习重点
◎ 曲轴飞轮组拆装的任务实施。

知识准备

1. 曲轴飞轮组组成

曲轴飞轮组(见图 3-57)主要由曲轴和飞轮以及其他具有不同作用的零件和附件组成,其零件和附件的种类和数量取决于发动机的结构和性能要求。

图 3-57　曲轴飞轮组安装位置及外观展示图

2. 曲轴结构

曲轴主要由前端轴、平衡重、连杆轴颈、主轴颈、曲柄臂和后端凸缘等部件组成。在发动机工作中,曲轴要承受弯曲与扭转载荷,要求曲轴要具有足够的刚度、强度和耐磨性。见图 3-58、3-59。

图 3-58 曲轴飞轮组结构分解图

图 3-59 曲轴结构

- 曲拐的布置

一个连杆轴颈与它两端的曲柄及主轴颈构成一个曲拐。曲轴的曲拐数取决于气缸的数目及其排列方式。直列式发动机曲轴的曲拐数等于气缸数，V 型发动机曲轴的曲拐数等于气缸数的一半。见图 3-60。

- 平衡重

平衡重在曲拐的对面，用来平衡发动机不平衡的离心力和离心力矩，有时还用来平衡一部分往复惯性力。见图 3-61。

(a) 直列四缸发动机曲拐布置　(b) V型八缸发动机曲拐布置

图 3-60　曲拐数

曲轴动平衡

离心力引起中心杆偏移　　　　左右离心力相等中心杆不偏移

图 3-61　平衡重功用

3. 曲轴功用

曲轴的功用是承受活塞连杆组传来的力,并由此产生绕其本身轴线的力矩,并将转矩对外输出。同时,曲轴还为活塞连杆组的上行运动提供动力。见图 3-62。

图 3-62 曲轴功用

4. 飞轮结构

飞轮是一个转动惯量很大的圆盘,外缘上压有一个齿圈,与起动机的驱动齿轮啮合,供起动机起动发动机时使用。为了保证足够的转动惯量,飞轮轮缘通常做的宽而厚。见图 3-63。

图 3-63 飞轮结构

5. 飞轮功用

飞轮的主要作用是储存做功行程的一部分动能,以克服其他行程中的阻力,使曲轴均匀旋转,并使发动机具有克服短时超载的能力。

（一）实施方案

1. 质量要求

参照厂家的质量标准要求。

2. 组织方式

每四位同学一组，按照企业岗位操作规范识别 2007 款卡罗拉 1.6L/AT 轿车 1ZR-FE 发动机上曲柄连杆机构中的曲轴飞轮组的外形结构，并对曲轴飞轮组进行拆装作业。每组作业时间为 __45__ 分钟。

3. 作业准备

（1）技术要求与标准：

① 气缸体边缘和上轴承边缘间的距离、轴承盖边缘和下轴承边缘间的距离小于 0.7 mm。

② 按规定扭矩紧固各部件固定螺栓。

③ 安装前要对相关部件进行清洗与检查。

（2）设备器材：常用工具一套、曲轴皮带轮固定工具、游标卡尺、结合法兰固定工具（见图 3-64）。

（a）常用工具（一套）

（b）SST 09213-58013 曲轴皮带轮固定工具

（c）游标卡尺

（d）SST 09330-00021 结合法兰固定工具

图 3-64　设备器材

（3）场地设施：带消防设施的场地。

（4）设备设施：2007 款卡罗拉 1.6L/AT 轿车 1ZR-FE 发动机一台、发动机台架、工具车、零件车、垃圾桶。

（5）耗材：干净抹布、泡沫清洁剂。

（二）操作步骤

图 3-65 固定住曲轴

图 3-66 按顺序拆卸飞轮螺栓

拆卸曲轴

图 3-67 按顺序拧松并拆下主轴承盖螺栓

图 3-68 拆卸主轴承盖和小主轴承

1. 拆卸曲轴飞轮组

（1）拆卸飞轮分总成。

① 用曲轴皮带轮固定工具和结合法兰固定工具固定住曲轴，见图 3-65。

② 按对角顺序拆下 8 个飞轮螺栓和飞轮分总成，见图 3-66。

（2）拆卸曲轴。

① 按由两边向中间的顺序（如图 3-67 所示），均匀分次地拧松并拆下 10 个主轴承盖螺栓。

② 用 2 个已拆下的主轴承盖螺栓依次插入轴承盖，左右摇动并向上用力将轴承盖拉出，见图 3-68。同样方法拆卸 5 个主轴承盖和下主轴承。

注意事项

◇ 小心不要损坏轴承盖和气缸体的接触面。
◇ 将下轴承和主轴承盖作为一个组件保存,并按正确的顺序摆放。

③ 取出曲轴,见图 3-69。

图 3-69 取出曲轴

(3) 拆卸曲轴上止推垫圈。

从气缸体上拆下曲轴上止推垫圈,见图 3-70。

图 3-70 拆下曲轴上止推垫圈

(4) 拆卸曲轴主轴承。

① 从气缸体上拆下 5 个上主轴承,见图 3-71。

图 3-71 从气缸体上拆下主轴承

② 从 5 个主轴承盖上拆下 5 个下主轴承,见图 3-72。

图 3-72 从主轴承盖上拆下主轴承

注意事项

◇ 按正确的顺序摆放轴承。

图 3-73 用游标卡尺测量距离

2. 安装曲轴飞轮组

(1) 安装曲轴轴承。

① 将带机油槽的上主轴承安装到气缸体上。

② 用游标卡尺测量气缸体边缘和上主轴承边缘间的距离,见图 3-73。

尺寸($A-B$):0.7 mm 或更小。

注意事项

◇ 不要在主轴承背面和主轴承接触表面上涂抹发动机机油。

图 3-74 用游标卡尺测量距离

③ 将下主轴承安装到主轴承盖上。

④ 用游标卡尺测量主轴承盖边缘和下主轴承边缘间的距离,见图 3-74。

尺寸($A-B$):0.7 mm 或更小。

图 3-75 安装止推垫圈

(2) 安装曲轴上止推垫圈。

① 使机油槽向外,将 2 个止推垫圈安装到气缸体的 3 号轴颈下方,见图 3-75。

② 在曲轴止推垫圈上涂抹发动机机油。

项目三 曲柄连杆机构结构与拆装

(3) 安装曲轴。

① 在上主轴承上涂抹发动机机油,并将曲轴安装到气缸体上。

② 在下主轴承上涂抹发动机机油。

③ 检查数字标记,见图3-76,并将主轴承盖安装到气缸体上。

图3-76 检查数字标记

安装曲轴

④ 在主轴承盖螺栓的螺纹上涂抹一薄层发动机机油。

⑤ 随手稍拧10个主轴承盖螺栓,见图3-77。

图3-77 稍拧螺栓

⑥ 以主轴承盖螺栓为导向,用手按下主轴承盖,直到主轴承盖和气缸体间的间隙小于5 mm,见图3-78。

图3-78 用手按下主轴承盖
让间隙小于5 mm

⑦ 用塑料锤轻轻敲击主轴承盖以确保正确安装,见图3-79。

图3-79 用塑料锤敲击主轴承盖

图 3-80 按照顺序拧紧主轴承盖螺栓

⑧ 安装曲轴轴承盖螺栓，然后按由中间向两边的顺序（见图 3-80），均匀分次拧紧 10 个主轴承盖螺栓，再用定扭扳手紧固至 40 N·m。

图 3-81 用油漆做标记

⑨ 用油漆在主轴承盖螺栓前端做标记，见图 3-81。

⑩ 按由中间向两边顺序，将主轴承盖螺栓再旋转紧固 90°。

图 3-82 用工具固定住曲轴

（4）安装飞轮分总成。

① 用曲轴皮带轮固定工具和结合法兰固定工具固定住曲轴，见图 3-82。

◇ 安装曲轴皮带轮固定工具时要检查其安装位置，以防止固定工具安装螺栓接触正时链条盖分总成。

② 在新飞轮螺栓末端的 2 或 3 个螺纹上涂抹黏合剂，见图 3-83。

黏合剂：丰田原厂黏合剂 1324、THREE BOND1324 或同等产品。

图 3-83　涂抹黏合剂

③ 用 8 个飞轮螺栓将飞轮安装至曲轴凸缘上，按对角的顺序（见图 3-84），分次均匀地预紧 8 个飞轮螺栓，再用定扭扳手将 8 个飞轮螺栓紧固至 49 N·m。

图 3-84　预紧螺栓

④ 用油漆在螺栓前端做标记。

⑤ 按对角的顺序，将 8 个螺栓再旋转紧固 90°，见图 3-85。

：油漆标记

图 3-85　按顺序紧固螺栓

任务小结

1. 曲轴组成
曲轴主要由前端轴、平衡重、主轴颈、连杆轴颈、曲柄臂和后端凸缘等部件组成。

2. 飞轮
飞轮是一个转动惯量很大的圆盘，外缘上压有一个齿圈，与起动机的驱动齿轮啮合，供起动发动机时使用。

3. 飞轮的作用
飞轮的主要作用是储存做功行程的一部分能量，以克服各辅助行程的阻力，使曲轴均匀旋转，并使发动机具有克服短时超载的能力。

4. 拆卸曲轴飞轮组的注意事项

（1）气缸体上主轴承座边缘和上主轴承边缘间的距离、主轴承盖边缘和下主轴承边缘间的距离应≤0.7 mm。

（2）拆卸曲轴主轴承盖螺栓时，需要按照由两边到中间的顺序进行拆卸。

（一）课堂练习

1. 判断题

（1）飞轮是一个转动惯量很大的圆盘，外缘上压有一个齿圈，与起动机的驱动齿轮啮合，供启动发动机时使用。（　　）

（2）拆卸飞轮时，需要用专用工具固定住曲轴。（　　）

（3）拆卸了2个主轴承盖螺栓后，即可将主轴承盖取下。（　　）

（4）安装飞轮固定螺栓时，只要连续安装相邻螺栓即可。（　　）

（5）安装曲轴轴承盖螺栓时，按顺序由中间向两边安装并均匀紧固。（　　）

2. 单选题

（1）以下哪项不是曲轴组成部件？（　　）。

　　A. 曲柄　　　　　　B. 平衡重　　　　　C. 主轴颈　　　　　D. 连杆

（2）拆卸曲轴主轴承盖螺栓时，应按照的顺序是：（　　）。

　　A. 由两边向中间　　B. 由中间向两边　　C. 顺序循环　　　　D. 任意

（3）安装曲轴上止推垫圈时，机油槽放置方向是：（　　）。

　　A. 向内　　　　　　B. 向外　　　　　　C. 根据标记　　　　D. 任意

（4）安装曲轴轴承盖时，以2个轴承盖螺栓为导向，插入主轴承座，直到主轴承盖和气缸体主轴承座间的间隙小于（　　）mm。

　　A. 3　　　　　　　B. 5　　　　　　　　C. 7　　　　　　　D. 10

（二）技能评价

表3-5　技能评价表

序号	内　　容	分值	得分
1	使用曲轴皮带轮固定工具固定曲轴皮带轮	5	
2	使用指针式扭力扳手按对角线形式拧松飞轮螺栓并拆卸飞轮	10	
3	使用棘轮扳手按从外向内的顺序拆卸主轴承盖螺栓	10	

续表

序号	内容	分值	得分
4	用螺栓晃动主轴承盖并拆下,取出曲轴	5	
5	拆卸曲轴止推垫圈、主轴承和盖	5	
6	安装曲轴上主轴承,使用游标卡尺测量上主轴承与气缸体主轴承座边距	10	
7	对上主轴承涂抹机油,安装止推垫圈并涂抹机油	5	
8	安装曲轴,下主轴承,使用游标卡尺测量下主轴承与主轴承盖边距	10	
9	对下主轴承涂抹机油,安装主轴承盖	5	
10	对主轴承盖螺栓涂抹机油,安装主轴承盖螺栓	5	
11	使用塑料锤敲击主轴承盖	5	
12	使用扭力扳手按从内向外的顺序安装主轴承盖螺栓,拧紧扭矩:40 N·m,再拧紧90°	10	
13	使用皮带轮固定工具固定曲轴皮带轮	5	
14	使用扭力扳手以对角线的顺序安装飞轮螺栓,拧紧扭矩49 N·m,再拧紧90°	10	
	总分	100	

(注:操作规范即得分,操作错误或未进行操作即0分)

学习拓展

1. 带扭转减振器的皮带轮结构

带扭转减振器的皮带轮主要由曲轴皮带轮、壳体、曲轴皮带轮轮毂、橡胶环等组成,见图 3-86。

图 3-86 带扭转减振器的皮带轮结构

2. 扭转减振器功用

曲轴扭转减振器用来消减曲轴转动时产生的扭转振动。连杆作用于曲轴上的力是呈周期性变化的,造成曲轴的扭转振动。见图 3-87。汽车发动机常用的曲轴扭转减振器为橡胶式扭转减振器。

图 3-87 扭转减振器功用

3. 干式缸套与湿式缸套

气缸套有干式和湿式两种形式,见图 3-88。

干式缸套不直接与冷却液接触,壁厚一般为 1—3 mm。不易漏水、漏气,刚体结构刚度大。但是修理更换不便,散热效果差。

湿式缸套直接与冷却液接触,壁厚一般为5—9 mm。缸体上没有封闭的水套,铸造较容易,又便于修理更换,且散热效果较好。但是易漏水、漏气,缸体刚度较差。

4. 活塞顶部的结构与类型

根据不同的目的与要求,活塞顶部制成各种不同的形状,它的选用与燃烧形式有关。汽油机活塞顶部多采用图 3-89 所示几种形式。

图 3-88　干式缸套与湿式缸套结构

图 3-89　活塞顶部形式

（1）平顶活塞：结构简单,加工方便,受热面积小,在汽油机上广泛采用。

（2）凸顶活塞：顶部刚度较大,制造时可减薄顶部的厚度,因而质量较小,但顶部温度较高,主要适用于二冲程发动机。

（3）凹顶活塞：可以用来调节发动机的压缩比,且可以改善燃烧室形状,但顶部受热量大,易形成积碳,加工制造比较困难。

（4）成型顶活塞：一般适用于二冲程汽油机,特殊的顶部形状可满足燃烧过程中的不同要求。

5. 活塞环的结构类型

发动机工作时,活塞和活塞环都会发生热膨胀,并且,活塞环随活塞在气缸内做往复运动时,有径向张缩变形现象。因此,活塞环在气缸内应有端隙、侧隙和背隙,见图 3-90。

图 3-90　活塞环"三隙"

(1)端隙又称开口间隙,是活塞冷状态下装入气缸后开口处的间隙。
(2)侧隙又称边隙,是环高方向上与环槽之间的间隙。
(3)背隙是活塞和活塞环装入气缸后,活塞环背面与环槽底部间的间隙。

6. 活塞与连杆的连接方式

活塞销、活塞销座孔、连杆小头的连接方式有全浮式和半浮式两种,见图3-91。

(1)全浮式活塞销——在发动机正常工作温度下,活塞销在连杆小头孔和活塞销座孔中都能转动。

(2)半浮式活塞销——销与销座孔和连杆小头两处,一处固定,一处浮动。(一般固定连杆小头)

活塞与连杆的连接方式

(a)全浮式活塞销　　　　　　　　(b)半浮式活塞销

图3-91　活塞与连杆的连接形式

7. 曲轴的支承形式

主轴颈是曲轴的支承部分。

全支承曲轴——每个连杆轴颈两边都有一个主轴颈者;非全支承曲轴——主轴颈数等于或少于连杆轴颈数者。见图3-92。

(a)全支承曲轴　　　　　　　　(b)非全支承曲轴

图3-92　曲轴的支承

项目四 配气机构结构与拆装

项目导入

配气机构决定着发动机中进、排气的开始及持续时间,它影响着发动机的工作性能。

本项目主要通过对配气机构中主要部件的拆装作业,认识并理解其主要机件的结构和原理。

学习目标

素养目标
- 了解安全操作要求,养成安全文明操作的习惯。
- 养成组员之间互相协作的习惯。
- 实施操作结束后,清洁工具,并将工具设备归位,清洁场地。

技能目标
- 根据技术标准对配气机构正时链条、凸轮轴、气门组等进行拆装。

知识目标
- 能够正确描述配气机构的组成、功用、各零部件之间的连接关系。
- 能够正确叙述配气机构主要部件的结构及其工作原理。
- 能够按照汽车维修操作流程,规范、熟练地完成配气机构正时链条、凸轮轴、气门组等拆装作业。

学习任务

学习任务 1
- 认知配气机构

学习任务 2
- 正时链条拆装

学习任务 3
- 凸轮轴拆装

学习任务 4
- 气门组拆装

学习任务 1　认知配气机构

任务目标

任务目标
◎ 能够正确描述配气机构的作用、组成、工作原理。
◎ 能够指出配气机构在发动机上所处的位置,识别各组成部件的外形结构及其位置。

学习重点
◎ 配气机构的组成及工作原理。

知识准备

1. 配气机构的作用

配气机构的作用是按照发动机每一气缸内所进行的工作循环和点火顺序的要求,定时开启和关闭各气缸的进、排气门,使新鲜充量得以及时进入气缸,废气得以及时从气缸排出;在压缩与做功行程中,保证燃烧室的密封。新鲜充量对于汽油机而言是汽油和空气的混合气,对于柴油机而言是纯空气。见图4-1。

图4-1　配气机构作用

2. 配气机构组成

配气机构主要由三大部分组成：气门组、气门传动组及气门驱动组，见图4-2。

气门组由气门、气门导管、气门锁片及气门弹簧等组成；

气门传动组由凸轮轴、摇臂等组成；

气门驱动组由正时链条、凸轮轴正时齿轮及曲轴正时齿轮等组成。

图4-2 配气机构安装位置及组成

3. 配气机构的工作原理

凸轮轴通过正时齿轮由曲轴驱动。四冲程发动机完成一个工作循环曲轴转两圈（720°），各缸进、排气门各开启一次，凸轮轴只需转一圈，因此曲轴转速与凸轮轴转速之比为2∶1。

当凸轮（下置式）凸起部分与挺柱接触时，将挺柱顶起，挺柱通过推杆、调整螺钉使摇臂绕摇臂轴顺时针摆动，摇臂的长臂端向下推动气门，压缩气门弹簧，将气门头部推离气门座而打开。当凸轮凸起部分的顶点转过挺柱后，便逐渐减小了对挺柱的推力，气门在其弹簧张力的作用下，张开度逐渐减少，直至最后关闭，使气缸密封。

从上述工作过程可以看出，气门的开启是通过气门传动组的作用完成的，而气门的关闭则是由气门弹簧来完成的。气门的开闭时刻与规律完全取决于凸轮的轮廓曲线形状。每次气门打开时，压缩弹簧，为气门关闭积蓄能量。

（一）实施方案

1. 质量要求

参照厂家的质量标准要求。

2. 组织方式

每四位同学一组，按照企业岗位操作规范在 2007 款卡罗拉 1.6L/AT 轿车 1ZR-FE 发动机上找到配气机构所处的位置，查看配气机构及其主要部件的外形结构。每组作业时间为___30___分钟。

3. 作业准备

（1）技术要求与标准：

① 进入场地前根据工作安全操作手册的要求穿好工衣；

② 养成工具、零部件、油液"三不落地"的职业习惯，工具及拆下的零部件等都应整齐地放置在工具车及零件盘中。

（2）设备器材：常用工具一套（见图 4-3）。

（3）场地设施：带消防设施的场地。

（4）设备设施：2007 款卡罗拉 1.6L/AT 轿车 1ZR-FE 发动机一台、发动机台架、工具车、零件车、垃圾桶。

（5）耗材：干净抹布、泡沫清洁剂。

常用工具（一套）

图 4-3 设备器材

（二）操作步骤

1. 识别发动机配气机构的组成部件

（1）在卡罗拉发动机（1ZR-FE）上，找到配气机构所在的位置，识别其外形结构。

（2）找出配气机构的气门组，观察其外形结构及安装位置；

（3）找出配气机构的气门传动组，观察其外形结构及安装位置；

（4）找出配气机构的气门驱动组，观察其外形结构及安装位置。

任务小结

1. 配气机构的作用

配气机构的作用是按照发动机各缸的做功次序、工作循环和配气相位的要求，定时地开启和关闭进、排气门，以便发动机进行进气、压缩、做功和排气等工作行程。

2. 配气机构的组成

配气机构主要由三大部分组成：气门组、气门传动组及气门驱动组。

3. 配气机构的工作原理

当凸轮（下置式）凸起部分与挺柱接触时，将挺柱顶起，挺柱通过推杆、调整螺钉使摇臂绕摇臂轴顺时针摆动，摇臂的长臂端向下推动气门，压缩气门弹簧，将气门头部推离气门座而打开。当凸轮凸起部分的顶点转过挺柱后，便逐渐减小了对挺柱的推力，气门在其弹簧张力的作用下，张开度逐渐减少，直至最后关闭，使气缸密封。

任务评价

（一）课堂练习

1. 判断题

（1）配气机构由气门组和气门传动组两大部分组成。（　　）

（2）四冲程发动机每完成一个工作循环，曲轴旋转一周，各缸的进、排气门各开启2次，此时凸轮轴旋转2周。（　　）

（3）气门驱动组由凸轮轴、摇臂等组成。（　　）

2. 单选题

（1）下述各零件中不属于气门传动组的是（　　）。

　　A. 气门弹簧　　　B. 挺柱　　　　　C. 摇臂轴　　　　D. 凸轮轴

（2）气门的开启是通过（　　）来完成。

　　A. 气门弹簧　　　B. 气门传动组　　C. 气门驱动组　　D. 凸轮轴

（3）对于大多数汽车来说，每缸各有（　　）个进气门和排气门。

　　A. 1　　　　　　B. 2　　　　　　C. 3　　　　　　D. 没有

（二）技能评价

表4-1　技能评价表

序号	内　　容	分值	得分
1	在卡罗拉发动机(1ZR-FE)上，找到配气机构所在的位置，识别其外形结构	25	
2	找出配气机构的气门组，观察其外形结构及安装位置	25	
3	找出配气机构的气门传动组，观察其外形结构及安装位置	25	
4	找出配气机构的气门驱动组，观察其外形结构及安装位置	25	
	总分	100	

（注：操作规范即得分，操作错误或未进行操作即0分）

学习任务 2　正时链条拆装

任务目标
◎ 能够正确描述气门驱动组的组成。
◎ 能够正确描述正时链条的功用。
◎ 能够正确描述正时链条的张紧器结构。
◎ 能够依据汽车维修安全规范操作要求，规范、熟练地对正时链条进行拆装作业。

学习重点
◎ 正时链条的功用及其拆装的任务实施。

1. 气门驱动组组成

以卡罗拉轿车为例，气门驱动为链式驱动。气门驱动组主要由正时链条、凸轮轴正时齿轮及曲轴正时齿轮等组成，见图 4-4。气门驱动组通过正时链条及正时齿轮使曲轴驱动凸轮轴转动。

图 4-4　气门驱动组组成

2. 正时链条功用

正时链条的功用是将曲轴正时齿轮的动力传递给凸轮轴正时齿轮，并且保证了曲轴正时齿轮与凸轮轴正时齿轮正确的相对位置。见图 4-5。

正时链条的认识

图 4-5 正时链条功用

3. 正时链条张紧器结构

配气机构采用链条式驱动时，为使链条在工作时具有一定的张力而不致脱链，在正时链条上装有张紧器和导链板。正时链条张紧器主要由张紧器壳体、单向阀、减容器、导向销、柱塞、张紧滑轨等组成，见图 4-6。

正时对错的危害

图 4-6 正时链条张紧器结构

项目四　配气机构结构与拆装

（一）实施方案

1. 质量要求

参照厂家的质量标准要求。

2. 组织方式

每四位同学一组，按照企业岗位操作规范认识 2007 款卡罗拉 1.6L/AT 轿车 1ZR-FE 发动机上配气机构结构的正时链条，对正时链条进行拆装作业。每组作业时间为__45__分钟。

3. 作业准备

（1）技术要求与标准：

① 禁止在不使用链条张紧器的情况下转动曲轴。

② 安装完正时链条后，应涂密封胶，2 小时内不能起动发动机。

（2）设备器材：常用工具一套、曲轴皮带轮固定工具、定扭扳手、结合法兰固定工具（见图 4-7）。

（a）常用工具（一套）

（b）SST 09213-58013 曲轴皮带轮固定工具

（c）定扭扳手

（d）SST 09330-00021 结合法兰固定工具

图 4-7　设备器材

（3）场地设施：带消防设施的场地。

（4）设备设施：2007 款卡罗拉 1.6L/AT 轿车 1ZR-FE 发动机一台、发动机台架、工具车、零件车、垃圾桶。

（5）耗材：干净抹布、泡沫清洁剂。

拆卸正时链条

（二）操作步骤

1. 拆卸正时链条

（1）拆卸气缸盖罩。

① 拆下13个螺栓、密封垫圈和气缸盖罩，见图4-8。

图4-8 拆下螺栓

② 从凸轮轴轴承盖上拆下3个衬垫，见图4-9。

图4-9 拆下衬垫

（2）拆卸气缸盖罩衬垫。

（3）将1号气缸活塞设置到压缩上止点。

① 转动曲轴皮带轮，使其凹槽与正时链条盖上的正时标记"0"对准。见图4-10。

图4-10 对准标记

② 检查并确认凸轮轴正时齿轮和链轮的各正时标记和位于1号、2号轴承盖上的正时标记对准。若没有对准，则需转动曲轴一圈，使上述正时标记对准。见图4-11。

图4-11 确认标记位置

（4）拆卸曲轴皮带轮。

① 安装曲轴皮带轮拆装专用工具，并用螺栓固定，见图4-12。

图4-12 用螺栓固定

② 使用 19 mm 套筒、接杆、指针式扭力扳手拧松皮带轮固定螺栓,见图 4-13。

图 4-13　拧松固定螺栓

③ 拆下曲轴皮带轮拆装专用工具,并按顺序摆放。同时取下曲轴皮带轮固定螺栓,见图 4-14。

图 4-14　取下固定螺栓

④ 安装曲轴皮带轮取出器,使用工具转动曲轴皮带轮取出器的推杆。曲轴皮带轮被拉出后,取下曲轴皮带轮取出器,并拆下曲轴皮带轮,见图 4-15。

图 4-15　拆下曲轴皮带轮

(5) 拆卸 1 号链条张紧器。

拆下 2 个螺母、托架、张紧器和衬垫,见图 4-16。

图 4-16　拆下螺母

◇ 禁止在不使用链条张紧器的情况下转动曲轴。

(6) 拆卸正时链条盖。

① 使用指针式扭力扳手依次拆下链条盖固定螺栓,见图 4-17。

图 4-17 拆下链条固定螺栓

② 使用头部缠有胶带的螺丝刀撬动正时链条盖和气缸盖或气缸体之间的部位,拆下正时链条盖,见图 4-18。

图 4-18 拆下正时链条盖

(7) 拆卸正时链条张紧器导板,见图 4-19。

图 4-19 拆卸正时链条张紧器导板

(8) 拆卸 1 号链条振动阻尼器。

拆下 2 个螺栓和 1 号链条振动阻尼器,见图 4-20。

图 4-20 拆下振动阻尼器

(9) 拆卸正时链条。

① 用扳手固定住凸轮轴的六角头部分,并逆时针旋转凸轮轴正时齿轮总成,以松弛凸轮轴正时齿轮之间的链条,见图 4-21。

图 4-21 松弛链条

② 在链条松弛时,将链条从凸轮轴正时齿轮上松开,错开若干齿后仍放置在凸轮轴正时齿轮上,见图4-22。

图4-22 链条放置在凸轮轴正时齿轮上

◇ 确保链条从链轮上完全松开。

③ 顺时针转动凸轮轴,使其回到原来位置,并拆下链条,见图4-23。

图4-23 顺时针转动凸轮轴并拆下链条

(10) 拆卸2号链条振动阻尼器。

拆下2个螺栓和2号链条振动阻尼器,见图4-24。

图4-24 拆下链条振动阻尼器

(11) 拆卸曲轴正时齿轮,见图4-25。

图4-25 拆卸曲轴正时齿轮

2. 安装正时链条

（1）安装1号链条振动阻尼器。

用2个螺栓安装1号振动阻尼器，并用定扭扳手紧固螺栓至21 N·m，见图4-26。

图4-26　安装1号链条振动阻尼器

安装正时链条

（2）安装2号链条振动阻尼器。

用2个螺栓安装2号振动阻尼器，并用定扭扳手紧固螺栓至10 N·m，见图4-27。

图4-27　安装2号链条振动阻尼器

（3）安装曲轴正时齿轮，见图4-28。

图4-28　安装曲轴正时齿轮

◇ 安装时曲轴正时齿轮上的键槽要对准曲轴上的正时齿轮键，并确保安装可靠。

（4）安装正时链条。

① 将链条上橙色标记板和正时标记对准并安装链条，见图4-29，使正时链条穿过1号振动阻尼器。

图4-29　对准标记

项目四　配气机构结构与拆装

 注意事项

◇ 确保标记板位于发动机前侧。
◇ 禁止将链条缠绕在凸轮轴正时齿轮的链轮周围，只能将其放置在链轮上。

② 用扳手固定住凸轮轴的六角头部分，并逆时针旋转凸轮轴正时齿轮，使橙色标记板和正时标记对准，见图 4-30。

图 4-30　橙色标记板和正时标记对准

③ 用扳手固定住凸轮轴的六角头部分，并顺时针旋转凸轮轴正时齿轮，以张紧链条，缓慢地顺时针旋转凸轮轴正时齿轮，防止链条错位。见图 4-31。

图 4-31　固定正时链条

④ 将正时链条黄色标记板和正时标记对准，并将链条安装至曲轴正时齿轮。见图 4-32。

图 4-32　安装正时齿轮

 注意事项

◇ 在第一缸活塞压缩上止点时，重新检查每个正时标记。

（5）安装正时链条张紧器导板，见图 4-33。

图 4-33　安装正时链条张紧器导板

图 4-34 安装正时链条盖

(6) 安装正时链条盖。

对准正时链条盖的安装位置,用 26 个螺栓安装正时链条盖。使用定扭扳手将螺栓 A、E 紧固至 26 N·m,螺栓 B、C 紧固至 51 N·m,螺栓 D 紧固至 10 N·m。见图 4-34。

图 4-35 将挂钩固定在销上

(7) 安装 1 号链条张紧器。

① 松开棘轮爪,然后完全推入柱塞,将挂钩固定在销上以使柱塞位于压缩位置,见图 4-35。

注意事项

◇ 确保凸轮固定在柱塞的第一个齿上,并使挂钩穿过销。

图 4-36 固定挂钩

② 用 2 个螺母安装 1 号链条张紧器,并用定扭扳手紧固螺母至 10 N·m。如果安装链条张紧器时挂钩松开柱塞,则需重新固定挂钩。见图 4-36。

图 4-37 对准键槽

③ 逆时针转动曲轴,然后从挂钩上断开柱塞锁销。

④ 顺时针转动曲轴,然后检查并确认柱塞伸出。见图 4-37。

(8) 安装曲轴皮带轮。

① 将曲轴皮带轮定位键对准皮带轮上的键槽。

② 用 SST 固定皮带轮就位并拧紧螺栓至 190 N·m,见图 4-38。

图 4-38 用 SST 固定皮带轮就位

(9) 安装气缸盖罩衬垫及气缸盖罩。

① 清除接触面所有机油,见图 4-39,将衬垫安装至气缸盖罩。

图 4-39 清除机油

② 将 3 个新衬垫安装至 1 号凸轮轴轴承盖,见图 4-40。

图 4-40 将新衬垫安装至轴承盖

③ 在如图所示区域,涂抹密封胶,见图 4-41。

④ 用 1 个新密封垫圈和 13 个螺栓安装气缸盖罩。

螺栓紧固扭矩:10 N·m。

图 4-41 涂抹密封胶

1. 气门驱动组组成

气门驱动组主要由正时链条、凸轮轴正时齿轮及曲轴正时齿轮等组成。

2. 正时链条的功用

正时链条的功用是将曲轴正时齿轮的动力传递给凸轮轴正时齿轮,并且保证了曲轴正时齿轮与凸轮轴正时齿轮正确的相对位置。

3. 正时链条拆卸作业的主要步骤

拆卸气缸盖罩、拆卸气缸盖罩衬垫、将1号气缸活塞设置到压缩上止点、拆卸曲轴皮带轮、拆卸1号链条张紧器、拆卸正时链条盖、拆卸正时链条张紧器导板、拆卸1号链条振动阻尼器、拆卸正时链条、拆卸2号链条振动阻尼器、拆卸曲轴正时链条。(安装时按照相反的顺序)

4. 正时链条拆装作业中注意事项

正时链条拆装作业中需注意以下几点:

(1) 禁止在不使用链条张紧器的情况下转动曲轴。

(2) 安装时曲轴正时齿轮上的键槽要对准曲轴上的正时齿轮键,并确保安装可靠。

(3) 确保正时链条上橙色标记板和正时标记对准,并使标记板位于发动机前侧。

(4) 在第一缸活塞压缩上止点时,重新检查每个正时标记。

(一) 课堂练习

1. 判断题

(1) 正时链条的功用是驱动发动机的配气机构。(   )

(2) 正时链条寿命与发动机相同。(   )

(3) 拆下正时链条张紧器后,不能转动曲轴。(   )

(4) 安装正时链条时必须将正时标记对准。(   )

(5) 正时链条盖安装后,1小时内可以起动发动机。(   )

2. 单选题

(1) 卡罗拉轿车中气门组采用哪种驱动方式?(   )。

    A. 齿形带传动式   B. 链条传动式   C. 齿轮传动式   D. 液压传动式

(2) 下述各零件中不属于气门驱动组的是(   )。

    A. 正时链条   B. 凸轮轴正时齿轮   C. 曲轴正时齿轮   D. 凸轮轴

（二）技能评价

表 4-2 技能评价表

序号	内　　容	分值	得分
1	转动曲轴皮带轮,对准正时标记	5	
2	检查凸轮轴正时齿轮、链轮上的正时标记与1号、2号轴承盖上的正时标记对准	5	
3	使用专用工具拆卸曲轴皮带轮	15	
4	拆卸1号链条张紧器	5	
5	拆卸正时链条盖	10	
6	拆卸正时链条	5	
7	调整定扭扳手扭矩至21 N·m,并用定扭扳手紧固2个1号链条振动阻尼器固定螺栓	5	
8	调整定扭扳手扭矩至10 N·m,并用定扭扳手紧固2个2号链条振动阻尼器固定螺栓	5	
9	正确安装正时齿轮	15	
10	正确安装正时链条	15	
11	调整定扭扳手扭矩至10 N·m,并用定扭扳手紧固2个1号链条张紧器固定螺母	5	
12	使用专用工具安装曲轴皮带轮,并紧固曲轴皮带轮固定螺栓至190 N·m	10	
	总分	100	

(注：操作规范即得分,操作错误或未进行操作即0分)

学习任务 3　凸轮轴拆装

任务目标

任务目标
◎ 能够正确描述气门传动组的组成。
◎ 能够正确描述凸轮轴结构和功用。
◎ 能正确描述摇臂的结构和功用。
◎ 能够依据汽车维修安全规范操作要求，规范、熟练地完成配气机构的凸轮轴拆装作业。

学习重点
◎ 配气机构凸轮轴拆装的任务实施。

知识准备

1. 气门传动组组成

气门传动组主要由排气凸轮轴、进气凸轮轴、摇臂、液压挺柱等组成，见图 4-42。气门传动组的作用是使进、排气门能按发动机工作需要在规定的时刻开闭，并且保证有足够的张开度。

图 4-42　气门传动组组成

2. 凸轮轴结构

凸轮轴上有进、排气凸轮，前端轴，凸轮轴轴颈以及凸轮轴位置传感器信号盘等。现代

图 4-43 凸轮轴结构

发动机多采用凸轮轴顶置式配气机构,即凸轮轴安装在气缸盖上。

3. 凸轮轴功用

凸轮轴的作用是使气门按一定的工作次序和配气相位及时开闭,并保证气门有足够的升程。凸轮轴是由发动机曲轴驱动旋转,并将力传递给摇臂。见图 4-44。

图 4-44 凸轮轴功用

4. 摇臂结构

摇臂主要由摇臂支架、衬套、滚轮、滚针、滚轮轴组成,见图 4-45。摇臂的实质是杠杆,凸轮轴顶置式配气机构采用的摇臂为单臂杠杆。摇臂的支点为摇臂支座。

5. 摇臂功用

摇臂的功用是通过将凸轮轴的旋转运动转变为摇臂的上下摆动,从而控制气门的开启。

图 4-45 摇臂结构

（一）实施方案

1. 质量要求

参照厂家的质量标准要求。

2. 组织方式

每四位同学一组，按照企业岗位操作规范认识 2007 款卡罗拉 1.6L/AT 轿车 1ZR-FE 发动机上配气机构的凸轮轴，对凸轮轴进行拆装作业。每组作业时间为 __45__ 分钟。

3. 作业准备

（1）技术要求与标准：

① 安装进、排气凸轮轴时，须确保凸轮轴的锁销位置正确；

② 安装凸轮轴轴承盖时，须确保凸轮轴轴承盖的标记和位置正确。

（2）设备器材：常用工具一套、定扭扳手（见图 4-46）。

（a）常用工具（一套）

（b）定扭扳手

图 4-46 设备器材

(3) 场地设施：带消防设施的场地。

(4) 设备设施：2007 款卡罗拉 1.6L/AT 轿车 1ZR-FE 发动机一台、发动机台架、工具车、零件车、垃圾桶。

(5) 耗材：干净抹布、泡沫清洁剂。

（二）操作步骤

1. 拆卸凸轮轴

（1）拆卸凸轮轴轴承盖。

① 使用 10 mm 套筒、接杆、棘轮扳手按从两边到中间的顺序，均匀地拧松并拆下 10 个轴承盖螺栓，见图 4-47。

图 4-47 拆下轴承盖螺栓

② 在曲轴的连杆轴颈处于水平状态时，使用 12 mm 套筒、接杆、棘轮扳手按从两边到中间的顺序，均匀拧松并拆下 15 个轴承盖螺栓，见图 4-48。

图 4-48 拧松并拆下轴承盖螺栓

③ 拆下轴承盖，并按正确的顺序摆放拆下的零件，见图 4-49。

图 4-49 拆下轴承盖

（2）拆卸凸轮轴。

用手取下进、排气凸轮轴，见图 4-50。

图 4-50 拆卸凸轮轴

> **注意事项**
> ◇ 取下凸轮轴时要小心,避免碰到气缸盖上的其他零件。

图 4-51 安装凸轮轴

2. 安装凸轮轴

(1) 安装凸轮轴。

① 使用压缩空气清洁凸轮轴接触面。

② 安装进、排气凸轮轴,并确保凸轮轴的锁销位置正确,见图 4-51。

图 4-52 安装凸轮轴轴承盖

(2) 安装凸轮轴轴承盖。

① 使用压缩空气清洁凸轮轴轴承盖。

② 依次安装 5 个凸轮轴轴承盖,并确保凸轮轴轴承盖的标记和位置正确,见图 4-52。

图 4-53 安装螺栓

③ 安装 10 个凸轮轴轴承盖螺栓,使用 10 mm 套筒、接杆、定扭扳手按照从中间到两边的顺序将螺栓紧固至 16 N·m,见图 4-53。

图 4-54 安装固定螺栓

④ 安装 15 个轴承盖固定螺栓,使用 12 mm 套筒、接杆、定扭扳手按照从中间到两边的顺序将螺栓紧固至 27 N·m,见图 4-54。

任务小结

1. 气门传动组组成
气门传动组主要由排、进气凸轮轴,摇臂、液压挺柱等组成。

2. 凸轮轴作用
进、排气凸轮轴上有进、排气凸轮,前端轴,凸轮轴轴颈以及凸轮轴位置传感器信号盘等。它的作用是使气门按一定的工作次序和配气定时及时开闭,并保证气门有足够的升程。凸轮轴是由发动机曲轴驱动而旋转的,并将力传递给摇臂。

3. 凸轮轴拆卸作业的主要步骤
拆卸凸轮轴轴承,拆卸进、排气凸轮轴。(安装时按照相反的顺序)

4. 凸轮轴拆装作业中的注意事项
凸轮轴拆装作业中,需注意以下几点:
(1) 拆卸凸轮轴轴承盖固定螺栓时,须按照从两边到中间顺序。
(2) 安装进、排气凸轮轴时,须确保凸轮轴的锁销位置正确。
(3) 安装凸轮轴轴承盖时,确保凸轮轴轴承盖的标记和位置正确。
(4) 安装凸轮轴轴承盖固定螺栓时,须按照从中间到两边的顺序。

(一) 课堂练习

1. 判断题
(1) 凸轮轴的功用是控制气门的开启和闭合动作。(   )
(2) 现在大多数量产车的发动机配备的是顶置式凸轮轴。(   )
(3) 安装凸轮轴轴承盖时可不按顺序紧固螺栓。(   )
(4) 卡罗拉配气机构中凸轮轴传动方式采用齿形带传动。(   )
(5) 卡罗拉配气机构中凸轮轴为上置式,安装在气缸盖上。(   )
(6) 安装凸轮轴轴承盖时,须确保凸轮轴轴承盖的标记和位置正确。(   )

2. 单选题
(1) 卡罗拉轿车配气机构中凸轮轴布置形式为(   )。
  A. 凸轮轴上置式   B. 凸轮轴中置式
  C. 凸轮轴后置式   D. 凸轮轴下置式
(2) 下述各零件中不属于气门传动组的是(   )。
  A. 气门弹簧 B. 挺柱 C. 摇臂轴 D. 凸轮轴

(3) 卡罗拉凸轮轴轴承盖的固定螺栓有几种规格？（　　）。
　　A. 1 种　　　　B. 2 种　　　　C. 3 种　　　　D. 4 种
(4) 卡罗拉轿车中，凸轮轴数量为（　　）。
　　A. 1　　　　　B. 2　　　　　C. 3　　　　　D. 4
(5) 拆卸凸轮轴轴承盖固定螺栓时，应按照以下哪种顺序要求进行操作？（　　）。
　　A. 无要求　　　B. 从中间向两边　　C. 从两边向中间　　D. 对角顺序
(6) 凸轮轴拆装过程中，拆下凸轮轴壳需用到以下哪个工具？（　　）。
　　A. 一字螺丝刀（头部缠有胶带）　　　B. 空气喷枪
　　C. 指针式扭力扳手　　　　　　　　　D. 铲刀

（二）技能评价

表 4-3　技能评价表

序号	内　容	分值	得分
1	使用 10 mm 套筒、接杆、棘轮扳手按从两边到中间的顺序，依次拆下 10 个凸轮轴轴承盖固定螺栓	10	
2	使用 12 mm 套筒、接杆、棘轮扳手按从两边到中间的顺序，依次拆下 15 个凸轮轴轴承盖固定螺栓	10	
3	拆卸凸轮轴轴承盖，并按顺序摆放	10	
4	拆卸进、排气凸轮轴	20	
5	清洁并润滑摇臂、气门间隙调节器及进、排气凸轮轴	10	
6	检查凸轮轴正时位置	10	
7	将 5 个凸轮轴轴承盖安装至正确位置	10	
8	用 10 mm 套筒、接杆、定扭扳手将 10 个凸轮轴轴承盖固定螺栓按照从中间到两边的顺序紧固至 16 N·m	10	
9	用 12 mm 套筒、接杆、定扭扳手将 15 个凸轮轴轴承盖固定螺栓按照从中间到两边的顺序紧固至 27 N·m	10	
	总分	100	

（注：操作规范即得分，操作错误或未进行操作即 0 分）

学习任务 4　气门组拆装

任务目标

任务目标
- 能够正确描述气门组的组成、气门结构。
- 能够正确描述气门导管、气门弹簧、气门锁片的功用。
- 能够依据汽车维修操作要求,规范、熟练地完成配气机构的气门组拆装作业。

学习重点
- 配气机构气门组拆装的任务实施。

知识准备

1. 气门组组成

气门组主要由气门、气门导管、气门油封、气门弹簧、弹簧座、气门锁片组成,见图 4 - 55。气门组件应保证气门与座在活塞压缩、做功行程中实现气缸的密封。

图 4 - 55　气门组组成

2. 气门结构

气门由头部、杆部和锁止部分组成,包括气门头部、气门杆、锁片环槽等,见图 4 - 56。气门密封锥面的锥角,称为气门锥角,一般为 45°或 30°。气门边缘应保持一定的厚度,一般为 1～3 mm。气门杆为圆柱形,在气门导管中不断进行往复运动。

图 4-56 气门结构

3. 气门功用

气门是燃烧室的组成部分，在活塞压缩、做功过程中密封气缸。同时，气门在进、排气行程中打开或关闭进、排气道。见图4-57。

图 4-57 气门功用

4. 气门导管功用

气门导管的功用是为气门的运动导向，保证气门做直线往复运动。同时，气门导管还为气门杆散热。见图4-58。

5. 气门弹簧功用

气门弹簧的功用是使气门及时关闭，并保证气门与气门座紧密贴合，防止气门发生跳动。见图4-59。

6. 气门锁片功用

气门锁片的功用是使气门与气门弹簧座紧密贴合，防止气门在运动过程中脱落。见图4-60。

(a) 导向作用

(b) 散热作用

图 4-58 气门导管功用

图 4-59 气门弹簧功用

图 4-60 气门锁片功用

任务实施

（一）实施方案

1. 质量要求

参照厂家的质量标准要求。

2. 组织方式

每四位同学一组，按照企业岗位操作规范认识2007款卡罗拉1.6L/AT轿车1ZR-FE发动机上配气机构的气门组，对气门组进行拆装作业。每组作业时间为 __45__ 分钟。

3. 作业准备

（1）技术要求与标准：

① 拆下气门油封后需更换新的气门油封。

② 安装前要对相关部件进行清洁和润滑。

（2）设备器材：常用工具一套、气门拆装专用工具（见图4-61）。

（a）常用工具（一套）　　（b）气门拆装专用工具

图4-61　设备器材

（3）场地设施：带消防设施的场地。

（4）设备设施：2007款卡罗拉1.6L/AT轿车1ZR-FE发动机一台、发动机台架、工具车、零件车、垃圾桶。

（5）耗材：干净抹布、泡沫清洁剂。

（二）操作步骤

1. 拆卸气门组

（1）拆卸气缸盖。

拆卸螺栓后打开气缸盖。

（2）拆卸气门弹簧。

① 将拆下的气缸盖平放在垫木上，使用气门拆装钳逐步压紧气门弹簧使气门锁片露出，见图4-62。

图4-62　使用气门拆装钳压紧弹簧

气门组拆装

图 4-63 使用磁力吸棒取出气门锁片

② 使用磁力吸棒依次取出每个气门中的两个气门锁片,见图 4-63。

图 4-64 取下弹簧座和气门弹簧

③ 拆卸气门拆装钳,并依次取下气门弹簧座和气门弹簧,见图 4-64。

图 4-65 取下进、排气门

(3) 拆卸气门。

将气缸盖侧立放置在垫木上,取下进、排气门,见图 4-65。

图 4-66 拆卸气门油封

(4) 拆卸气门油封。

将气缸盖平放在垫木上,选择油封拆卸专用尖嘴钳拆下气门油封,见图 4-66。

图 4-67 清洁气门油封

2. 安装气门组

(1) 安装气门油封。

① 使用压缩空气清洁新的气门油封,见图 4-67。

② 在新的气门油封上涂抹一薄层发动机机油，见图4-68。

图4-68　涂抹发动机机油

③ 使用导管将气门油封压紧在各气门导管上，见图4-69。

图4-69　使用导管

(2) 安装气门。

① 将气缸盖侧立在垫木上，使用压缩空气清洁表面及气门导管，见图4-70。

图4-70　清洁气门导管

② 依次在进、排气门的气门杆端处涂抹一薄层发动机机油，并按顺序装入，见图4-71。

图4-71　涂抹发动机机油并按顺序装入

(3) 安装气门弹簧。

① 将气缸盖平放在垫木上，依次安装气门弹簧及弹簧座，见图4-72。

图4-72　安装弹簧座

图 4-73 使用气门拆卸钳

② 用气门拆装钳(见图 4-73)压紧气门弹簧,使气门端部环槽露出。

图 4-74 安装气门锁片

③ 安装气门锁片,缓慢松开气门拆装钳使两个气门锁片可靠落座,见图 4-74。取下气门拆装钳。

图 4-75 用塑料锤轻敲气门杆

④ 使用塑料锤轻敲气门杆顶部,以确保气门锁片、气门弹簧等安装到位,见图 4-75。

任务小结

1. 气门组组成

气门组主要由气门、气门导管、气门油封、气门弹簧、弹簧座、气门锁片组成。

2. 气门作用

气门由气门头部、气门杆、锁片环槽等组成。它的作用是在活塞压缩、做功过程中密封气缸,在进气、排气行程中打开或关闭进、排气通道。

3. 气门弹簧的功用

气门组中气门导管为气门的运动导向,同时还为气门杆散热;气门弹簧的功用是使气门及时关闭,并保证气门与气门座紧密贴合,防止气门发生跳动;气门锁片用来保证气门与气门弹簧紧密贴合,防止气门在运动过程中发生脱落。

4. 气门组件拆卸作业的主要步骤

拆卸气缸盖、拆卸气门弹簧、拆卸气门、拆卸气门油封。(安装时按照相反的顺序)。

（一）课堂练习

1. 判断题

（1）气门的作用是专门负责向发动机内输入燃料并排出废气。（　　）

（2）拆卸气门弹簧座时，用空气喷枪吹入空气，用磁棒拆下气门弹簧座。（　　）

（3）将进气门油封安装至排气侧，不会产生影响。（　　）

（4）气门锥角一般为 30°或 45°。（　　）

（5）配气机构由气门组、气门传动组和气门驱动组组成。（　　）

2. 单选题

（1）下述各零件中不属于气门组的是（　　）。

　　A. 气门弹簧　　　　B. 气门座　　　　C. 摇臂轴　　　　D. 气门导管

（2）以下哪个步骤不是安装进气门步骤？（　　）。

　　A. 在进气门的底部涂抹足量发动机机油。

　　B. 将气门、气门弹簧和弹簧座圈安装到气缸盖上。

　　C. 用 SST 和木块压缩弹簧并安装 2 个座圈锁片。

　　D. 用塑料锤轻敲气门杆顶部以确保安装到位。

（3）四冲程发动机在压缩行程时，进气门和排气门分别处于什么状态？（　　）。

　　A. 开,开　　　　B. 开,关　　　　C. 关,关　　　　D. 关,开

（4）卡罗拉轿车发动机采用的顶置式气门关闭时靠以下哪个部件来实现？（　　）。

　　A. 气门弹簧　　　B. 气门导管　　　C. 气门油封　　　D. 气门杆

（5）气门组件拆装过程中，拆卸气门锁片需用到以下哪个工具？（　　）。

　　A. 密封胶　　　　B. 机油壶　　　　C. 磁力吸棒　　　　D. 一字螺丝刀

（二）技能评价

表 4-4　技能评价表

序号	内容	分值	得分
1	使用气门拆装钳逐步压紧气门弹簧使气门锁片露出，并使用磁力吸棒取出气门锁片	15	
2	拆卸气门弹簧座和气门弹簧	5	
3	拆卸进、排气门	10	

续 表

序号	内　容	分值	得分
4	使用油封拆卸专用尖嘴钳拆下气门油封	10	
5	更换新的气门油封,并对其涂抹一层薄的发动机机油	10	
6	使用气门导管安装新的气门油封	10	
7	清洁气门,并在气门杆端处涂抹一薄层发动机机油	10	
8	按顺序依次安装进、排气门	10	
9	用气门拆装钳压紧气门弹簧,使气门弹簧端部环槽露出,安装气门锁片	10	
10	使用塑料锤轻敲气门杆顶部,以确保气门锁片、气门弹簧等安装到位	10	
	总分	100	

(注：操作规范即得分,操作错误或未进行操作即0分)

1. 配气机构类型

配气机构可以从以下不同的角度进行分类：

(1) 根据气门布置位置不同分为气门侧置式和气门顶置式，见图 4-76。现代汽车发动机均采用气门顶置式。

气门间隙的认识

(a) 气门侧置式

(b) 气门顶置式

图 4-76 配气机构类型——按气门布置位置分类

(a) 凸轮轴上置式

(b) 凸轮轴中置式

(c) 凸轮轴下置式

图 4-77 配气机构类型——按凸轮轴位置分类

(a) 齿形带传动式　　(b) 链条传动式　　(c) 齿轮传动式

图 4-78　配气机构类型——按凸轮轴传动方式分类

(a) 二气门式　　(b) 四气门式　　(c) 五气门式

图 4-79　配气机构类型——按每缸气门数目分类

（2）根据凸轮轴布置形式不同分为凸轮轴上置式、凸轮轴中置式和凸轮轴下置式，见图 4-77。凸轮上置式多适用于高速发动机。

（3）根据凸轮轴传动方式不同分为齿形带传动式、链条传动式和齿轮传动式，见图 4-78。凸轮中置或下置的配气机构多采用圆柱形定时齿轮传动。凸轮轴上置式多选择链条或链轮传动。高速汽车发动机上广泛采用传动带来代替链轮。

（4）根据每缸气门数目不同分为二气门式、四气门式和五气门式，见图 4-79。

2. 气门顶部形状

气门头部有平顶型、凹面型及球面型，见图 4-80。平顶型气门吸热面小，质量小，进、排气门都可采用，目前使用最多的是平顶式。凹面型气门流动阻力小，但受热面积大，适合做

(a) 平顶型　　　(b) 凹面型　　　(c) 球面型

图 4-80　气门顶部形状

进气门。球面型气门排气阻力小,废气清除效果好,适合做排气门。

3. 气门弹簧结构形式

(a) 圆柱形螺旋弹簧　　　(b) 双弹簧　　　(c) 变螺距弹簧

图 4-81　气门弹簧结构形式

气门弹簧根据其结构形态不同分为圆柱形螺旋弹簧、双弹簧和变螺距弹簧,见图 4-81。圆柱形螺旋弹簧上下螺距及直径相等;双弹簧内外弹簧旋向相反,当一个弹簧发生共振时,另一弹簧起减振作用;变螺距弹簧上下螺距不等,在弹簧压缩时,螺距较小的弹簧两端逐渐贴合,使有效圈数逐渐减少,有利防止弹簧发生共振。

4. 气门弹簧座固定方式

气门弹簧座的两种固定方式为锁销式固定和锁片式固定,见图 4-82。

(a) 锁片式　　　　　　　　(b) 锁销式

图 4-82　气门弹簧座固定方式

5. 配气相位

配气相位是指用曲轴转角来表示进、排气门实际开闭时间和开启持续时间。通常用相对于上、下止点曲拐位置的曲轴转角的环形图来表示,环形图被称为配气相位图,见图 4-83。

图 4-83　配气相位图

发动机气门实际开闭时刻是早开迟闭,延长进、排气时间,以保证进气充足,废气排放完全。见图 4-84、4-85。

进气门提前角一般为 10°～30°，进气门延迟角一般为 40°～80°。排气门提前角一般为 40°～80°，排气门延迟角一般为 10°～30°。

进气门早开迟闭，是为了保证更多的空气可以进入。

图 4-84 进气相位图

排气门早开迟闭，是为了保证更多的废气可以排出。

图 4-85 排气相位图

项目五 冷却系统构造与拆装

项目导入

发动机工作时，燃烧室和气缸内混合气燃烧温度高达 2 200 ℃，冷却系统能将发动机零部件在混合气燃烧过程中所吸收的热量通过冷却介质排放到大气中去，从而维持发动机正常工作温度，保证发动机正常运行。如果发动机不在正常的工作温度下运行，即过冷或过热，对发动机均有不利影响。

学习目标

素养目标

◇ 了解安全操作要求,养成安全文明操作的习惯;
◇ 养成组员之间互相协作的习惯;
◇ 实施操作结束后,清洁工具,并将工具设备归位,清洁场地。

技能目标

◇ 依据汽车维修操作流程,规范、熟练地完成冷却系统的拆装作业。

知识目标

◇ 描述发动机冷却系统的组成、作用和工作原理。
◇ 识别发动机冷却系统的主要零配件并描述出其工作原理。
◇ 依据汽车维修操作流程,规范、熟练地完成冷却系统的拆装作业。

学习任务

学习任务 1
◇ 认识冷却系统

学习任务 2
◇ 电子风扇和散热器拆装

学习任务 3
◇ 水泵和节温器拆装

学习任务 1　认知冷却系统

任务目标

◎ 能够描述发动机冷却系统的组成、功用。
◎ 能够描述冷却液的循环路线。
◎ 查看冷却系统在发动机上所处的位置,并识别冷却系统主要部件的外形结构。

学习重点

◎ 发动机冷却系统的组成及其冷却液循环路线。

1. 发动机冷却系统组成

发动机冷却系统有水冷和风冷之分,汽车发动机上大多采用水冷却系统。水冷却系统以水为冷却介质,它主要由散热器、水泵、节温器、电子风扇、补偿水桶、发动机机体和气缸盖中的水套以及其他附属装置等组成,见图5-1。

图 5-1　冷却系统安装位置及其组成

2. 冷却系统的功用

（1）混合气在气缸中燃烧后所产生的大量热能，约有70%不能转为发动机的机械动能，且燃烧温度可达到2 200℃，这些热量约有一半随着废气排出发动机外，另一半则直接传递到发动机机件上。

（2）发动机必须保持一定的工作温度（为80℃～90℃），各机件才能维持正常的膨胀及间隙，燃料及润滑系统也才能正常作用，因此必须装设冷却系统，使发动机迅速达到工作温度，并一直保持工作温度稳定。

（3）冷却不良导致发动机过热，各部机件过度膨胀而加速磨损，甚至咬死；但过度冷却时，会造成燃油消耗过高及发动机功率输出降低。

3. 冷却液的循环路线

汽车发动机冷却系统为强制循环水冷系统，即利用水泵提高冷却液的压力，强制冷却液在发动机中循环流动。冷却液的循环路径受节温器的控制，根据发动机工作温度由低到高的变化，冷却液的循环路径分为：小循环、大循环。

（1）所谓小循环，就是当冷却水或冷却温度低于规定值时（一般为80℃左右），受节温器控制，循环的水或冷却液不经过散热器。即水或冷却液从缸盖水套流出，经节温器直接进入水泵进水口，再由水泵送入缸体和缸盖的水套。由于水或冷却液不经过散热器，可使发动机温度迅速升高。

小循环路径见图5-2。

①散热器 ②冷却风扇 ③节温器 ④水泵 ⑤水套

图5-2 冷却系统小循环示意图

（2）所谓大循环，就是当水或冷却液温度超过规定值时（一般为90℃左右），节温器主阀门开启，副阀门关闭，循环水或冷却液全部经过散热器。散热后的冷却水或冷却液在水泵的抽吸下回到缸体水套内，经缸体上平面上的水孔流入缸盖的水套中，然后从缸盖出水管再流入散热器，形成一个循环系统。由于水或冷却液流动线路长，冷却强度大，故称为大循环。

大循环路径见图 5-3。

① 散热器　② 冷却风扇　③ 节温器　④ 水泵　⑤ 水套

图 5-3　冷却系统大循环示意图

（一）实施方案

1. 质量要求

参照厂家的质量标准要求。

2. 组织方式

每四位同学一组，按照企业岗位操作规范在 2007 款卡罗拉 1.6L/AT 轿车 1ZR-FE 发动机上查看冷却系统，并识别冷却系统主要部件的外形结构。每组作业时间为　30　分钟。

3. 作业准备

（1）技术要求与标准：

① 习惯性使用"三件套"、汽车防护物品，养成良好职业习惯；

② 养成工具、零部件、油液"三不落地"的职业习惯，工具及拆下的零部件等都应整齐地放置在工具车及零件盘中。

（2）设备器材：常用工具一套（见图 5-4）。

（3）场地设施：带消防设施的场地。

（4）设备设施：2007 款卡罗拉 1.6L/AT 轿车、工具车、零件车、垃圾桶。

（5）耗材：干净抹布、泡沫清洁剂。

常用工具（一套）

图 5-4　设备器材

（二）操作步骤

识别发动机冷却系统主要配件的外形结构及安装位置：

(1) 找出冷却系统在发动机上所处的位置,观察其整体外形结构;
(2) 找出冷却系统的散热器,观察其外形结构及安装位置;
(3) 找出冷却系统的水泵,观察其外形结构及安装位置;
(4) 找出冷却系统的节温器,观察其外形结构及安装位置;
(5) 找出冷却系统的电子风扇,观察其外形结构及安装位置;
(6) 找出冷却系统的补偿水桶,观察其外形结构及安装位置。

1. 冷却系统的组成

发动机冷却系统有水冷和风冷之分,汽车发动机上大多采用水冷却系统。水冷却系统以水为冷却介质,它主要由散热器、水泵、节温器、电子风扇、补偿水桶、发动机机体和气缸盖中的水套以及其他附属装置等组成。

2. 冷却系统的功用

冷却系统的功用是使发动机温度在所有工况下都保持在适当的温度范围内。同时,还要保证发动机在冷态下起动后能迅速升温,尽快达到正常的工作温度。

(一) 课堂练习

1. 判断题

(1) 防冻液可提高发动机冷却系的沸点。(　　)
(2) 发动机冷却系统有水冷和风冷之分,现代汽车发动机上大多采用风冷却系统。(　　)
(3) 以空气为冷却介质的冷却系统称风冷系统,以冷却液为冷却介质的称水冷系统。(　　)

2. 选择题

(1) 一般汽油发动机工作温度是(　　)。

　　A. 45～55℃
　　B. 55～65℃
　　C. 80～90℃
　　D. 100～110℃

(2) 冷却系统既要防止发动机过热,也要防止发动机过冷,发动机启动后首先要由(　　)控制使用小循环散热,温度升高后开启大循环。

　　A. 副水箱　　　　　　　　　B. 水泵
　　C. 节温器　　　　　　　　　D. 压力盖

（二）技能评价

表 5-1 技能评价表

序号	内　　容	分值	得分
1	找出冷却系统在发动机上所处的位置，观察其整体外形结构	10	
2	找出冷却系统的散热器，观察其外形结构	20	
3	找出冷却系统的水泵，观察其外形结构	20	
4	找出冷却系统的节温器，观察其外形结构	20	
5	找出冷却系统的电子风扇，观察其外形结构	20	
6	找出冷却系统的补偿水桶，观察其外形结构	10	
	总分	100	

（注：操作规范即得分，操作错误或未进行操作即 0 分）

学习任务 2　电子风扇和散热器拆装

任务目标

任务目标
- 能够描述电子风扇及其电机的结构、功用、工作原理。
- 能够描述散热器的结构、功用和工作原理。
- 能够描述补偿水桶的结构和工作原理。
- 能够描述散热器盖的工作原理。
- 依据汽车维修操作要求,规范、熟练地完成电子风扇和散热器的拆装作业。

学习重点
- 电子风扇和散热器的拆装作业任务实施。

知识准备

(一) 电子风扇

1. 电子风扇结构

现代汽车已广泛使用电子风扇,电子风扇通常安装在散热器后方,它由电动机、风扇叶片、导风罩等组成,见图5-5。风扇的扇风量主要与风扇直径、转速、叶片形状、叶片安装角度及叶片数有关。

图5-5　电子风扇安装位置及结构

2. 电子风扇功用

电子风扇的作用是增加流过散热器芯的空气量,增强散热器的散热能力。

(二) 电子风扇电机

1. 电子风扇电机结构

电子风扇电动机安装在电子风扇上,它由定子和转子两大部分组成,见图 5-6。定子由机座、主磁极、换向极、端盖、轴承和电刷装置等组成。

2. 电子风扇电机功用

电子风扇电机能将直流电能(由蓄电池提供)转换为风扇叶片转动的机械能,见图 5-7。

图 5-6 电子风扇电机结构　　　　图 5-7 电子风扇电机功用

3. 电子风扇电机工作原理

当电子风扇 IC(集成电路调节器)通过电刷在线圈中形成电流流动,产生电磁力,线圈在电磁力作用下产生旋转运动,实现了将电能转换为机械能,见图 5-8。

图 5-8 电子风扇电机工作原理

(三) 散热器

1. 散热器结构

散热器安装在保险杠后方,它主要由左储水室、右储水室、放水螺栓、散热器片、散热器芯等组成,见图 5-9。

散热器的认识

(a) 散热器侧视图　　　　　(b) 散热器后视图

图 5-9　散热器结构

2. 散热器功用

散热器通过增大散热面积将冷却液的热量由空气带走,加速冷却。

3. 散热器工作原理

冷却液在散热器芯内流动,空气从散热器芯外通过。热的冷却液由于向空气散热而变冷,冷空气则因为吸收冷却液散出的热量而升温。散热器通过加大冷却液与空气的接触面积,利用空气流动降低冷却液热量,达到散热效果。见图5-10。

图 5-10　散热器工作原理

（四）补偿水桶

1. 补偿水桶结构

补偿水桶又名膨胀水箱,多用塑料制造并用软管分别与溢流管和补偿管相连接。它主要由补偿水桶盖、溢流管接口、补偿管接口、壳体等组成。在补偿水桶的外表面上刻有两条标记线:"低"线和"高"线,补偿水桶内冷却液面应位于两条标记线之间。见图5-11。

图 5-11 补偿水桶安装位置及结构

2. 补偿水桶功用

补偿水桶有溢流和补偿的作用,见图 5-12。溢流即当冷却液受热膨胀时,部分冷却液通过溢流管从散热器中流入补偿水桶;补偿即当冷却液降温后,散热器内冷却液体积变小,

(a) 溢流作用

(b) 补偿作用

图 5-12 补偿水桶功用

补偿水桶内冷却液经补偿管被吸回散热器。补偿水桶还可消除水冷系统中的所有气泡。

（五）散热器盖工作原理

散热器盖严密地盖在散热器加注口上。发动机工作时，冷却液温度逐渐升高，容积膨胀使冷却系统内的压力增大。当压力超过预定值时，散热器盖压力阀开启，部分冷却液流入补偿水桶。

发动机停机后，冷却液温度下降，水冷却系统内压力随之减小。当压力降到大气压力以下出现真空（负压）时，真空阀开启，部分冷却液被吸回散热器。

(a) 冷却液高温时

(b) 冷却液降温后

图 5-13　散热器盖工作原理

（一）实施方案

1. 质量要求

参照厂家的质量标准要求。

2. 组织方式

每四位同学一组,按照企业岗位操作规范对 2007 款卡罗拉 1.6L/AT 轿车 1ZR-FE 发动机上冷却系统的电子风扇和散热器进行拆装作业。

3. 作业准备

(1) 技术要求与标准:

① 断开散热器进、出水管前,需在管口下方放置液体收集器。

② 排放出的冷却液需按所在地区规定进行处理。

③ 断开后的散热器软管管口需用塑料袋套住或用塞子塞住。

(2) 设备器材:常用工具一套(见图 5-14)。

(3) 场地设施:带消防设施的场地。

(4) 设备设施:2007 款卡罗拉 1.6L/AT 轿车、工具车、零件车、垃圾桶。

(5) 耗材:干净抹布、泡沫清洁剂。

常用工具(一套)

图 5-14 设备器材

(二) 操作步骤

1. 拆卸散热器

(1) 拆卸散热器外围件。

① 拆卸散热器上空气导流板。

② 拆卸散热器格栅防护罩,见图 5-15。

图 5-15 拆卸散热器格栅防护罩

③ 拆卸前保险杠总成,见图 5-16。

图 5-16 拆卸前保险杠总成

散热器的更换

④ 拆卸发动机 1 号底罩,见图 5-17。

图 5-17 拆卸发动机 1 号底罩

图 5-18 拆卸蓄电池

⑤ 拆卸蓄电池,见图 5-18。

图 5-19 分离温度传感器

⑥ 分离温度传感器,见图 5-19。

图 5-20 排空冷却液

(2) 排空冷却液,见图 5-20。
① 松开散热器放水螺塞。
② 拆下散热器储液罐盖。
③ 松开气缸体放水螺栓(螺栓在排气歧管侧的发电机后面)。

◇ 发动机或散热器还没有冷却下来时,不要拆卸散热器盖,以免烫伤。

图 5-21 拆下螺栓

(3) 断开散热器储液罐软管。
① 用 10 mm 套筒、棘轮扳手从散热器上支架上拆下 2 个散热器储液罐回水软管固定螺栓,并用手将软管和 2 个卡夹分开,见图 5-21。

② 用鲤鱼钳移出储液罐出水软管锁紧卡子,将散热器储液罐软管从散热器总成上断开,见图5-22。

图 5-22 鲤鱼钳移出卡子

注意事项

◇ 断开的储液罐软管管口应采用塑料袋套住(或用塞子塞住),防止残液滴漏污染和异物进入软管内。

(4) 断开散热器进、出水软管。

用鲤鱼钳移出软管的锁紧卡子,并将散热器软管从散热器总成上断开,见图5-23。用塑料袋套住断开的软管管口。

图 5-23 断开散热器进、出水软管

注意事项

◇ 散热器内可能还有残留的冷却液,操作时应在软管下方放置液体收集器。

(5) 断开机油冷却器管(自动传动桥)。

将4根机油冷却器管从散热器总成上断开,见图5-24。

图 5-24 断开机油冷却管

(6) 断开发动机盖锁总成。

分离发动机盖锁线束连接器,并断开发动机盖锁控制拉索,见图5-25。

图 5-25 断开发动机盖锁总成

(7) 拆卸 2 号风扇罩。

① 断开喇叭连接器。

② 用 10 mm 套筒、棘轮扳手分次拧松并拆下 4 个支架固定螺栓,取下散热器上支架,见图 5-26。

图 5-26　拧松并拆下固定螺栓

③ 将散热器储液罐回水软管从软管卡夹上断开,用尖嘴钳将回水软管的锁紧卡子移开,见图 5-27。

图 5-27　移开锁紧卡子

④ 将散热器储液罐回水软管从散热器总成上断开,见图 5-28。

图 5-28　断开软水管

⑤ 用 10 mm 套筒、接杆、棘轮扳手从散热器总成上拆下 2 个螺栓,并将 2 个散热器支架缓冲垫从 2 号风扇罩上拆下,见图 5-29。

图 5-29　拆下缓冲垫

⑥ 用一字螺丝刀松开 2 个卡爪,并拆下 2 号风扇罩,见图 5-30。

图 5-30　拆下风扇罩

(8) 拆卸散热器总成。

① 断开冷却风扇电动机连接器和线束卡夹,见图 5-31。

图 5-31　断开线束卡夹

② 将散热器总成和风扇罩一起拆下,见图 5-32。

图 5-32　拆下散热器总成和风扇罩

注意事项

◇ 拆下散热器总成时,不要对冷却器和冷凝器总成或冷却器管过度用力。

③ 拆下 2 个散热器下支架缓冲垫。

(9) 拆卸风扇罩。

拆下 2 个螺栓,并将风扇罩从散热器总成上拆下,见图 5-33。

图 5-33　拆下螺栓

2. 拆卸电子风扇电机

(1) 拆卸电子风扇叶片。

用 10 mm 套筒、接杆、棘轮扳手拆卸电子风扇叶片固定螺母,并拆下电子风扇叶片,见图 5-34。

图 5-34　拆卸固定螺母

图 5-35　拆下卡夹

(2) 拆卸电子风扇电机。

① 将电子风扇翻转至另一面,从风扇罩上断开连接器和 2 个卡夹,见图 5-35。

图 5-36　用螺丝刀拆下固定螺钉

② 用十字螺丝刀拆下电子风扇电机的 3 个固定螺钉,然后拆下电子风扇电动机,见图 5-36。

3. 安装电子风扇电机

(1) 安装电子风扇电机。

图 5-37　安装固定螺钉

① 将风扇罩对准电机装配孔,用 3 个螺钉安装电子风扇电动机并依次分步紧固,见图 5-37。

图 5-38　安装连接器和卡夹

② 将连接器和 2 个卡夹连接至风扇罩上,见图 5-38。

◇ 禁止损坏连接器。

(2) 安装风扇叶片。

将风扇叶片中心孔的半圆部分对准电机轴的半圆部分后推入,然后用螺母安装风扇叶片,安装扭矩:6.3 N·m,见图5-39。

图5-39 安装风扇叶片

◇ 安装完螺母后,转动风扇叶片,检查风扇是否有卡滞、碰擦等现象。

4. 安装散热器

(1) 安装风扇罩。

将风扇罩和散热器正确结合在一起。用10 mm套筒、定扭扳手将风扇罩固定螺栓紧固至7.0 N·m,见图5-40。

图5-40 紧固固定螺栓

(2) 安装散热器总成。

① 安装2个散热器下支架缓冲垫,见图5-41。

图5-41 安装散热器下支架缓冲垫

② 将散热器总成和风扇罩一起安装至车上,确保对正安装位置,见图5-42。

图5-42 安装散热器总成和风扇

(3)安装2号风扇罩。

① 将散热器储液罐回水软管安装到软管卡夹上,见图5-43。

图5-43 将软管安装到软管卡夹上

② 将散热器储液罐回水软管安装到散热器总成上,见图5-44。

图5-44 将软管安装到散热器总成上

③ 接合2个卡爪,并用2个螺栓将2号风扇罩安装到散热器总成上,安装扭矩：7.0N·m,见图5-45。

图5-45 用螺栓安装风扇罩

④ 将2个散热器支架缓冲垫安装到2号风扇罩上,见图5-46。

图5-46 将缓冲垫安装到风扇罩上

⑤ 连接冷却风扇电动机连接器和线束卡夹,见图5-47。

图5-47 连接连接器

⑥ 用 4 个螺栓安装散热器上支架，安装扭矩：13 N·m，见图 5-48。

图 5-48　用螺栓安装散热器上支架

⑦ 连接喇叭连接器，见图 5-49。

图 5-49　连接喇叭连接器

（4）安装发动机盖锁总成。

安装发动机盖锁控制拉索，并连接发动机盖锁线束连接器，见图 5-50。

图 5-50　安装发动机盖锁总成

（5）连接散热器进、出水软管。

用卡夹将散热器软管连接到散热器总成上，见图 5-51。

图 5-51　连接散热器进、出水管

◇ 安装散热器软管时，如果软管内没有残留的冷却液，那么先要在安装部位涂抹一层薄薄的冷却液，然后再安装软管。

图 5-52 连接机油冷却器管

(6) 连接机油冷却器管(自动传动桥)。

将 4 根机油冷却器管连接到散热器总成上,见图 5-52。

图 5-53 用卡夹将软水管连接到散热器上

(7) 连接散热器储液罐出水软管。

① 用卡夹将散热器储液罐出水软管连接到散热器总成上,见图 5-53。

图 5-54 用螺栓和卡夹将软管安装到支架上

② 用 2 个螺栓和 2 个卡夹将散热器储液罐出水软管安装到散热器上支架上,螺栓安装扭矩:5.0 N·m,见图 5-54。

图 5-55 连接外围件

(8) 连接散热器外围件。

① 安装热敏电阻总成,见图 5-55。

图 5-56 安装蓄电池

② 安装蓄电池,见图 5-56。

③ 添加发动机冷却液，见图 5-57。
④ 检查冷却液是否泄露。

图 5-57　添加冷却液

⑤ 安装前保险杠总成，见图 5-58。

图 5-58　安装前保险杠总成

⑥ 安装散热器格栅防护罩。
⑦ 安装散热器上空气导流板，见图 5-59。

图 5-59　安装散热器上空气导流板

⑧ 安装 1 号发动机底罩，见图 5-60。

图 5-60　安装 1 号发动机底罩

1. 电子风扇

电子风扇由电动机、风扇叶片、导风罩等组成，能够增加流过散热器芯的空气量，增强散热器的散热能力。

2. 电子风扇电机

电子风扇电机安装在电子风扇上,它由定子和转子两大部分组成,能将直流电能转换为风扇叶片转动的机械能。工作时,线圈因有电流通过产生电磁力后在电磁力作用下产生旋转运动,实现了将电能转换为机械能。

3. 散热器

散热器由左储水室、右储水室、放水螺塞、散热器片、散热器芯等组成。冷却系统工作时,空气从散热器芯外通过,它是通过增大散热面积将冷却液的热量由空气带走,加速冷却。

4. 补偿水桶

由补偿水桶盖、溢流管接口、补偿管接口、壳体等组成。它有补偿和溢流的作用。

5. 散热器盖工作原理

冷却液温度升高,系统压力增大至预定值,压力阀开启,部分冷却液流入补偿水桶。冷却液温度下降,系统压力减小至出现真空(负压)时,真空阀开启,冷却液吸回散热器。

6. 电子风扇和散热器拆卸作业的主要步骤

拆卸散热器外围件、排空冷却液、断开散热器连接管道及发动机盖锁总成、拆卸2号风扇罩、拆卸散热器总成,拆卸风扇罩、拆卸电子风扇叶片、拆卸电子风扇电机。(安装时按照相反的顺序)

7. 电子风扇和散热器拆装作业中需注意事项

(1)断开后的软管管口需用塑料袋套住(或用塞子塞住),以防止残液滴漏污染和防止异物进入。

(2)拆卸散热器进、出水软管时,需在软管下方放置液体收集器,以防止残留的冷却液流出。

(3)拆装时注意不要损坏风扇电机连接器。

(4)安装散热器进、出水软管时,如果软管内没有残留的冷却液,那么先要在安装部位涂抹一层薄薄的冷却液,然后再安装软管。

(5)安装完成后,转动风扇叶片,检查风扇是否有卡滞、碰擦等现象。

(一)课堂练习

1. 判断题

(1)冷却系统使发动机在所有工况下都保持在适当的温度范围内。(　　)

(2)电子风扇电机运行时,将电能转换为机械能。(　　)

(3)电子风扇电机安装在电子风扇上结构应由定子和转子两大部分组成。(　　)

(4)散热器是将冷却液所含的热量通过流动的空气进行散发,使冷却液迅速得到冷却,以保证发动机的水温正常。(　　)

(5) 膨胀水箱功用是溢流和补偿。(　　)
(6) 散热器通过缩小散热面积将冷却液的热量由空气带走,加速冷却。(　　)

2. 单选题

(1) 冷却系统主要由水泵、冷却风扇、节温器、膨胀水箱、发动机机体、气缸盖中的水套、其他附属装置以及(　　)。
    A. 散热器   B. 蒸发器
    C. 冷凝器   D. 机油滤清器

(2) 以卡罗拉轿车发动机为例,当冷却液低于多少摄氏度时,节温器主阀门关闭,副阀门打开,冷却液进行小循环?(　　)。
    A. 84℃   B. 90℃
    C. 86℃   D. 89℃

(3) 电子风扇电机运行时,将什么能转换为机械能?(　　)。
    A. 风能   B. 电能
    C. 水能   D. 动能

(4) 以卡罗拉轿车发动机为例,风扇罩上 2 个螺栓安装到散热器总成上所需的扭矩是(　　)。
    A. 10 N·m   B. 9 N·m
    C. 8 N·m   D. 7 N·m

(5) 散热器是由左储水室、右储水室、放水螺塞、散热器芯及以下哪个部件构成?(　　)。
    A. 散热器片   B. 出水管
    C. 进水管   D. 散热器盖

(二) 技能评价

表 5-2 技能评价表

序号	内　　容	分值	得分
1	断开散热器软管前,排空冷却液	5	
2	断开的储液罐软管管口用塑料袋套住(或用塞子塞住)	5	
3	断开散热器进、出水软管前,在管口下放置液体收集器	5	
4	拆卸 2 号风扇罩、散热器总成	10	
5	拆卸电子风扇叶片	5	
6	断开电机连接器及线束卡夹,用十字螺丝刀拆卸电机固定螺钉,并拆下电子风扇电机	10	

续 表

序号	内　　容	分值	得分
7	安装电子风扇电机	5	
8	用螺母安装风扇叶片,安装扭矩:6.3 N·m,安装完螺母后,转动风扇叶片,检查风扇是否有卡滞、碰擦等现象	10	
9	将散热器总成和风扇罩一起安装至车上,确保对正安装位置	5	
10	调整定扭扳手扭矩至7.0 N·m,并用10 mm套筒、定扭扳手紧固2号风扇罩固定螺栓	10	
11	调整定扭扳手扭矩至13 N·m,并用10 mm套筒、定扭扳手紧固4个散热器固定螺栓	10	
12	安装散热器软管前,检查软管内有无残留的冷却液。若没有,在安装部位涂抹一层薄薄的冷却液,然后再安装软管	10	
13	调整定扭扳手扭矩至5.0 N·m,并用10 mm套筒、定扭扳手紧固4个散热器固定螺栓	5	
14	按照规范流程在规定时间内进行拆装作业	5	
	总分	100	

(注:操作正确即得分,操作错误或未进行操作即0分)

学习任务 3　水泵和节温器拆装

任务目标

任务目标
◎ 能够描述离心式水泵的结构、功用和工作原理。
◎ 能够描述蜡式节温器的结构、功用和工作原理。
◎ 依据汽车维修操作要求,规范、熟练地完成水泵和节温器的拆装作业。

学习重点
◎ 蜡式节温器结构工作原理。
◎ 水泵和节温器拆装任务实施。

知识准备

（一）离心式水泵

1. 离心式水泵结构

汽车发动机大多采用离心式水泵,并安装在发电机下部。离心式水泵主要由水泵皮带轮、水泵轴、水泵轴承、水泵盖、密封组件、水泵叶轮等部件组成的,见图 5-61。

图 5-61　离心式水泵结构

水泵一般由曲轴通过 V 带或带肋的 V 带传动。水泵壳体上有进、出水管，进水管与散热器出水管相连，出水管与水套相连。水泵叶轮上有 6～8 个径向直叶片或后弯叶片。

2. 离心式水泵功用

离心式水泵对冷却液加压，保证其在冷却系统中循环流动。

3. 离心式水泵工作原理

水泵叶轮旋转时，冷却液因离心作用被甩向叶轮边缘，叶轮边缘压力升高，冷却液被压送至出水管；同时在叶轮中心处压力降低，冷却液被从进水管吸入叶轮中心。见图 5-62。

图 5-62　离心式水泵工作原理

（二）蜡式节温器

1. 蜡式节温器结构

节温器通常为蜡式节温器。蜡式节温器主要由主阀门、副阀门、蜡管、推杆、支架、外壳、弹簧等组成，见图 5-63。节温器有两种常见布置形式，第一种布置在发动机出水管路中；第二种布置在散热器的出水管路中。

节温器的认识

图 5-63　蜡式节温器结构

2. 蜡式节温器功用

随发动机水温的高低,自动控制冷却液通往散热器的流量和大、小循环路线。

3. 蜡式节温器工作原理

节温器是控制冷却液流动路径的阀门。它根据冷却液温度的高低,打开或关闭冷却液通向散热器的通道。以卡罗拉轿车发动机为例,蜡式节温器特性为:

(1) 当冷却液温度低于84℃时,节温器主阀门关闭,副阀门开启,冷却液进行小循环,见图5-64。

图5-64 蜡式节温器状态——小循环

(2) 当冷却液的温度处于84℃~95℃之间时,石蜡受热膨胀使主阀门部分开启,副阀门部分关闭,冷却液进行混合循环,见图5-65。

图5-65 蜡式节温器状态——混合循环

(3) 当冷却液温度达到95℃以上时,石蜡膨胀量增大,主阀门全开,副阀门全关,冷却液进行大循环,见图5-66。

图 5-66 蜡式节温器状态——大循环

任务实施

（一）实施方案

1. 质量要求

参照厂家的质量标准要求。

2. 组织方式

每四位同学一组，按照企业岗位操作规范对 2007 款卡罗拉 1.6L/AT 轿车 1ZR-FE 发动机冷却系统的水泵和节温器进行拆装作业。

3. 作业准备

常用工具（一套）

图 5-67 设备器材

（1）技术要求与标准：

① 拆下水泵衬垫后，应确保气缸体上无旧水泵的残留物，保证接触面清洁；

② 安装水泵前，需更换新的水泵衬垫。

（2）设备器材：常用工具一套（见图 5-67）。

（3）场地设施：带消防设施的场地。

（4）设备设施：2007 款卡罗拉 1.6L/AT 轿车、1ZR-FE 发动机台架、工具车、零件车、垃圾桶。

（5）耗材：干净抹布、泡沫清洁剂。

（二）操作步骤

1. 拆卸水泵

（1）拆卸多楔带，见图 5-68。

拆卸水泵和节温器

图 5-68 拆卸多楔带

(2) 拆卸发电机总成，见图 5-69。

图 5-69　拆卸发电机总成

(3) 拆下水泵总成。

① 使用 10 mm 套筒、接杆、棘轮扳手按对角的顺序，从正时链条盖上依次拆下 5 个螺栓，并取下水泵总成，见图 5-70。

图 5-70　按照顺序拆下螺栓

② 从正时链条盖上拆下水泵衬垫，见图 5-71。

图 5-71　从正时链条盖上拆下水泵衬垫

注意事项

◇ 水泵衬垫拆下后，如果气缸体上有旧水泵衬垫的残留物，应使用铲刀将接合面清理干净。

2. 拆下节温器

① 拆下节温器和衬垫。
② 从节温器上拆下衬垫，见图 5-72。

图 5-72　从节温器上拆下衬垫

3. 安装节温器

(1) 安装节温器。

① 检查新衬垫，将新衬垫安装在节温器上，见图 5-73。

图 5-73 目视检查新衬垫

安装节温器和水泵

② 将节温器安装在进水口上，见图 5-74。

图 5-74 将节温器安装至进水口

◇ 通气阀可设置在规定位置两侧 10°范围内。

(2) 安装节温器进水管。

用 2 个螺栓安装进水管，安装扭矩：10 N·m，见图 5-75。

图 5-75 安装螺栓

4. 安装水泵

(1) 安装水泵总成。

① 将一个新水泵衬垫的凸出部分与正时链条盖上的切口对齐，并将衬垫安装到正时链条盖的凹槽中，见图 5-76。

图 5-76 安装衬垫到凹槽中

注意事项

◇ 安装水泵前,需更换新的水泵衬垫。

② 用5个固定螺栓将水泵暂时安装到正时链条盖上。再用10 mm套筒、接杆、定扭扳手将5个固定螺栓按照图5-77所示顺序紧固至24 N·m,完成水泵总成安装。

图5-77 按照顺序安装螺栓

(2) 安装发电机总成,见图5-78。

图5-78 安装发电机总成

(3) 安装多楔带。

安装多楔带并调整其张紧力。检查并确认皮带正确安装在楔形槽中,见图5-79。

图5-79 安装多楔带

任务小结

1. 离心式水泵组成

离心式水泵由水泵皮带轮、水泵轴、水泵轴承、水泵盖、密封组件、水泵叶轮等部件组成的。

2. 离心式水泵工作原理

离心式水泵通过水泵叶轮的旋转,利用离心力作用将冷却液压入出水管,同时由于叶轮中心处产生低压区,将冷却液吸入水泵,从而保证了冷却系统中冷却液的循环流动。

3. 蜡式节温器组成

蜡式节温器主要由主阀门、副阀门、蜡管、推杆、支架、外壳、弹簧等组成。

4. 节温器工作原理

节温器是根据冷却液温度的高低,控制冷却液流动路径的阀门。蜡式节温器主要通过石蜡的热胀冷缩来控制主阀门和副阀门的开关。

（1）当冷却液温度低于84℃时，节温器主阀门关闭，副阀门开启，冷却液进行小循环。

（2）当冷却液的温度处于84℃～95℃之间时，石蜡受热膨胀使主阀门部分开启，副阀门部分关闭，冷却液进行混合循环。

（3）当冷却液温度达到95℃以上时，石蜡膨胀量增大，主阀门全开，副阀门全关，冷却液进行大循环。

5. 水泵和节温器拆卸作业的主要步骤

拆卸多楔带、拆卸发电机总成、拆下水泵总成、拆卸节温器进水管、拆卸节温器。（安装时按照相反的顺序）

6. 在水泵和节温器拆装作业中，需注意以下几点

（1）拆卸水泵时，须按照对角顺序拆卸固定螺栓；

（2）水泵衬垫拆下后，如果气缸体上有旧水泵衬垫的残留物，应使用铲刀将接合面清理干净。

（3）水泵衬垫为一次性使用，安装水泵前需更换新的水泵衬垫。

（4）安装水泵时，须按照对角顺序紧固螺栓。

（5）节温器衬垫为一次性使用，需在安装节温器前更换新的衬垫；

（6）安装完节温器后，应调整通气阀在规定位置两侧10°范围内。

（一）课堂练习

1. 判断题

（1）水泵的作用是对冷却液减压，使冷却液在冷却系统中强制循环流动。（　　）

（2）水泵衬垫拆下后还可以继续使用。（　　）

（3）水泵是由水泵皮带轮、水泵轴、水泵轴承、水泵盖、密封组件、水泵叶轮等部件组成的。（　　）

（4）水泵的5个固定螺栓需以对角的方式进行拆卸的。（　　）

（5）节温器能根据发动机冷却液温度变化自动地控制冷却液流量，使发动机在正常的温度范围内工作，目前汽车上广泛采用蜡式节温器。（　　）

（6）节温器是控制冷却液流动路径的阀门。它根据冷却液速度的高低，打开或关闭冷却液通向散热器的通道。（　　）

（7）蜡式节温器主要由主阀门、副阀门、蜡管、支架、外壳、弹簧等组成。（　　）

2. 单选题

（1）以卡罗拉轿车发动机为例，水泵螺栓的紧固扭矩是（　　）。

　　A. 23 N·m　　　　B. 24 N·m　　　　C. 25 N·m　　　　D. 26 N·m

(2) 水泵对冷却液采取什么措施使冷却液在冷却系统中强制循环流动？（　　）。
   A. 加压　　　　B. 减压　　　　C. 增速　　　　D. 减速
(3) 以卡罗拉轿车发动机为例，冷却液温度高于多少摄氏度时，主阀门全开，副阀门全关，冷却液进行大循环？（　　）。
   A. 84℃　　　　B. 88℃　　　　C. 95℃　　　　D. 102℃
(4) 以卡罗拉轿车发动机为例，温度在几度之间时，石蜡膨胀推动主阀门部分开启，副阀门部分关闭，冷却液进行混合循环？（　　）。
   A. 80℃～105℃　B. 85℃～105℃　C. 84℃～95℃　D. 75℃～105℃
(5) 水泵是由水泵皮带轮、水泵轴、水泵轴承、水泵盖、水泵叶轮和（　　）组成。
   A. 垫片　　　　B. 垫圈　　　　C. 密封圈　　　　D. 密封组件

（二）技能评价

表5-3　技能评价表

序号	内　　容	分值	得分
1	使用10 mm套筒、接杆、棘轮扳手按对角的顺序，从正时链条盖上依次拆下5个水泵固定螺栓	10	
2	水泵衬垫拆下后，检查气缸体上有无旧水泵衬垫的残留物。若有，使用铲刀将接合面清理干净	10	
3	更换水泵衬垫	10	
4	对齐水泵衬垫的凸出部分与正时链条盖上的切口，并将衬垫安装到正时链条盖的凹槽中	10	
5	用10 mm套筒、接杆、定扭扳手将5个水泵固定螺栓按照对角顺序紧固至24 N·m	10	
6	拆卸节温器进水管	10	
7	拆卸节温器	5	
8	从节温器上拆下节温器衬垫，并进行更换	10	
9	安装节温器	5	
10	调整节温器，使通气阀在规定位置两侧10°范围内	10	
11	用2个螺栓安装进水管，拧紧扭矩：10 N·m	10	
	总分	100	

（注：操作正确即得分，操作错误或未进行操作即0分）

学习拓展

1. 冷却系统类型

发动机的冷却系统有水冷式和风冷式之分,见图 5-80。水冷系统以冷却液为冷却介质;风冷系统以空气为冷却介质。

(a) 水冷式　　　　(b) 风冷式

图 5-80　冷却系统类型

2. 散热器类型

根据散热器中冷却液的流动方向,可将散热器分为横流式散热器和纵流式散热器(见图 5-81):

(1) 横流式散热器芯横向安置,左右两端分别为进、出水室;

(2) 纵流式散热器芯竖直安置,上接进水室,下接出水室。

(a) 横流式　　　　(b) 纵流式

图 5-81　散热器类型

大多数轿车均采用横流式散热器，可使发动机机罩的外轮廓较低，有利于改善车身前端的空气动力性能。

3. 散热器芯结构形式

散热器芯有两种结构形式：管带式散热器芯和管片式散热器芯，见图 5-82。管带式散热器由散热管和波形散热带组成，散热能力强，质量轻，成本低；管片式散热器由散热管和散热片组成，管片式的散热面积大，气流阻力小。

图 5-82 散热器芯结构形式

4. 微机控制电动冷却风扇工作原理

微机控制电动风扇的风扇转速由发动机 ECU 控制。以卡罗拉轿车发动机为例，其工作特性为：

（1）当发动机冷却液温度低于 95℃时，微机控制风扇电动机不工作，风扇不转动，见图 5-83。

图 5-83 风扇未运转状态

（2）当冷却液温度处于95℃与105℃之间时,微机控制风扇电动机低速运转,风扇低速转动,见图5-84。

图5-84 风扇低速运转状态

（3）当冷却液温度到达105℃及以上时,微机控制风扇电动机高速运转,风扇高速转动,见图5-85。

图5-85 风扇高速运转状态

5. 温控开关控制电动冷却风扇工作原理

温度开关控制电动冷却风扇的风扇转速由温控热敏电阻开关控制。以卡罗拉轿车为例,其工作特性为:

（1）当冷却液温度达到95℃时,温控开关接通低速继电器电路,低速继电器触点闭合,风扇低速运转,见图5-86;

图 5-86 风扇低速运转状态

（2）当冷却液温度达到105℃时，温控开关接通高速继电器电路，低速挡电阻被短接，风扇高速运转，见图5-87。

图 5-87 风扇高速运转状态

6. 冷却液

（1）冷却液成分。冷却液主要由软水、防冻剂、添加剂三部分组成。软水可以防止发动机水套中产生水垢；防冻剂可以是酒精、甘油或乙二醇，最常用的是乙二醇，用以防止冷却液的冻结,并提高冷却液的沸点;添加剂包括防锈剂、泡沫抑制剂和着色剂。

（2）冷却液功用。根据冷却液的成分,冷却液所起的作用有：防冻、防沸、防腐、防锈、防垢,见图5-88。

图5-88 冷却液功用

项目六　润滑系统构造与拆装

项目导入

发动机的润滑是由润滑系统来实现的,润滑系统能够润滑发动机中运动机件的接触表面,减少发动机零件间的摩擦阻力和磨损,提高发动机工作可靠性和使用寿命。

本项目主要通过对润滑系统主要机件的拆装作业,认识以及理解其主要机件的结构和原理。

学习目标

素养目标

◇ 了解安全操作要求,养成安全文明操作的习惯。
◇ 养成组员之间互相协作的习惯。
◇ 实施操作结束后,清洁工具,并将工具设备归位,清洁场地。

技能目标

◇ 根据技术标准对机油滤清器、机油泵等进行拆装检修。

知识目标

◇ 能描述润滑系统的组成、功能。
◇ 识别润滑系统主要零配件并用自己的语言描述出其工作原理。
◇ 依据汽车维修操作流程,规范、熟练地完成润滑系统主要部件的拆装作业。

学习任务

学习任务 1
◇ 认识润滑系统

学习任务 2
◇ 机油滤清器拆装

学习任务 3
◇ 机油泵拆装

学习任务 1　认识润滑系统

任务目标

任务目标
◎ 能够描述润滑系统的组成、功能。
◎ 能够识别润滑系统主要零配件并描述其工作原理。

学习重点
◎ 润滑系统的组成及工作原理。

知识准备

1. 发动机润滑系统组成

发动机润滑系统主要由机油滤清器、机油泵、油底壳、机油喷嘴、油道等组成，见图 6-1。

图 6-1　润滑系统组成

2. 发动机润滑系统的功用

发动机润滑系统（见图 6-2）的功用是当发动机工作时连续不断地把足够数量的洁净润滑油（机油）输送到传动件摩擦表面，机油在摩擦表面形成油膜，从而减小摩擦阻力，降低功率消耗，

图 6-2 润滑系统

减轻部件磨损,从而提高发动机工作可靠性和使用寿命。

3. 发动机润滑系统工作原理

发动机工作时,机油从油底壳中被机油泵通过集滤器吸入后排至机油滤清器中。在机油滤清器中过滤后的机油经主油道分三路输送到发动机的各部件。一路经曲轴主轴颈、连杆轴颈最终回到油底壳;另一路经机油喷嘴最终回到油底壳;第三路经气缸盖,同时渗入 VVTi、气门挺柱、凸轮轴轴承等部件,最终回到油底壳。润滑系统反复循环,始终不间断地把洁净的机油送到发动机的传动件摩擦表面。见图 6-3。

① 集滤器
② 机油泵
③ 限压阀
④ 机油喷嘴
⑤ 机油滤清器

图 6-3 润滑系统原理示意图

(一) 实施方案

1. 质量要求

参照厂家的质量标准要求。

2. 组织方式

每四位同学一组，按照企业岗位操作规范在2007款卡罗拉1.6L/AT轿车1ZR-FE发动机上查看润滑系统，并指出润滑系统主要零部件的外形结构。每组作业时间为__30__分钟。

3. 作业准备

（1）技术要求与标准：

按照汽车维修安全规范操作要求，在规定时间内，在台架或实车上完成润滑系统主部件的拆装。

（2）设备器材：常用工具一套（见图6-4）。

（3）场地设施：带消防设施的场地。

（4）设备设施：2007款卡罗拉1.6L/AT轿车、1ZR-FE发动机台架、工具车、零件车、垃圾桶。

（5）耗材：干净抹布、泡沫清洁剂。

常用工具（一套）

图6-4 设备器材

（二）操作步骤

识别发动机润滑系统主要配件的外形结构及安装位置：

（1）找出润滑系统在发动机上所处的位置，观察其整体外形结构；

（2）找出润滑系统的机油滤清器，观察其外形结构；

（3）找出润滑系统的机油泵，观察其外形结构；

（4）找出润滑系统的油底壳，观察其外形结构；

（5）找出润滑系统的机油喷嘴，观察其外形结构；

（6）能根据发动机（1ZR-FE）部件说出润滑机油的循环路径。

任务小结

1. 发动机润滑系统组成

发动机润滑系统主要由机油滤清器、机油泵、油底壳、机油喷嘴、油路等组成。

2. 发动机润滑系统的功用

发动机润滑系统的功用是当发动机工作时连续不断地把足够数量的洁净润滑油（机油）输送到传动件摩擦表面，机油在摩擦表面形成油膜，从而减小摩擦阻力，降低功率消耗，减轻部件磨损，从而提高发动机工作可靠性和使用寿命。

3. 发动机润滑系统工作原理

发动机工作时，机油从油底壳中被机油泵通过集滤器吸入后排至机油滤清器中。从机油滤清器中过滤后的机油经主油道分三路输送到发动机的各部件。

（一）课堂练习

1. 判断题

（1）发动机润滑系统主要由油底壳、机油泵、机油滤清器、机油喷嘴、油路等组成。（　　）

（2）润滑作用的好坏，关键在于能否形成油膜。（　　）

（3）机油滤清器工作得好坏，决定着发动机的工作性能和使用寿命，故必须定期更换滤芯。（　　）

2. 选择题

汽车上常用的机油泵型式是（　　）。

A. 齿轮式　　　　B. 转子式　　　　C. 离心式　　　　D. 惯性式

（二）技能评价

表 6-1　技能评价表

序号	内　容	分值	得分
1	找出润滑系统在发动机上所处的位置，观察其整体外形结构	10	
2	找出润滑系统的机油滤清器，观察其外形结构	20	
3	找出润滑系统的机油泵，观察其外形结构	20	
4	找出润滑系统的油底壳，观察其外形结构	20	
5	找出润滑系统的机油喷嘴，观察其外形结构	20	
6	能根据发动机（1ZR－FE）部件说出润滑机油的循环路径	10	
	总分	100	

（注：操作正确即得分，操作错误或未进行操作即 0 分）

学习任务 2　机油滤清器拆装

任务目标

任务目标
◎ 能够描述机油滤清器的结构、功能及工作原理。
◎ 能够描述机油滤清器在润滑系统上所处的位置,能识别机油滤清器主要组成部件的外形结构及其位置。
◎ 依据汽车维修操作要求,规范、熟练地完成机油滤清器的拆装作业。

学习重点
◎ 机油滤清器拆装的任务实施。

知识准备

1. 机油滤清器结构

机油滤清器安装在正时链条盖下部,主要由上盖、壳体、滤芯、内孔管、安全阀等组成,见图 6-5。

发动机机油滤清器认识

图 6-5　机油滤清器结构

2. 机油滤清器功用及工作原理

机油滤清器的功用是滤除机油中的杂物、胶油和水分，向各润滑部件输送洁净的机油。当带有杂质的机油从纸滤芯的外围进入滤清器中心时，杂质被过滤在滤芯上，当滤芯严重堵塞时，旁通阀开启，机油不经过滤芯过滤直接进入主油道，防止机油断供现象的发生。见图 6-6。

(a) 正常过滤时的机油滤清器　　　　(b) 滤芯堵塞时的机油滤清器

图 6-6　机油滤清器工作原理

（一）实施方案

1. 质量要求

参照厂家的质量标准要求。

2. 组织方式

每四位同学一组，按照企业岗位操作规范在 2007 款卡罗拉 1.6L/AT 轿车 1ZR-FE 发动机的润滑系统上找到机油滤清器所处的位置，识别其整体外形结构，并对机油滤清器进行拆装作业。每组作业时间为　45　分钟。

3. 作业准备

（1）技术要求与标准：

① 长时间接触发动机机油会造成皮肤过敏并易生皮炎，用过的机油中存在潜在的危害性污染物，可能会导致皮肤癌。操作时必须佩戴防护服和手套。

② 发动机机油沾到皮肤上，用肥皂和水彻底清洗皮肤，或使用免水型洗手剂清除所有的发动机机油。切勿使用汽油、稀释剂或溶剂。

③ 按照维修手册规定的标准添加发动机机油。机油加注标准如表 6-2、6-3 所示：

表6-2 发动机机油标准

机油等级	机油粘度(SAE)	机油等级	机油粘度(SAE)
● API SL 级节能型	● 5W-20	● API SL 级	● 15W-40
● API SM 级节能型	● 5W-30	● API SM 级	● 20W-50
● ILSAC 多级发动机机油	● 10W-30		

表6-3 发动机机油容量标准

机油滤清器更换时放空后的重新加注量	不更换机油滤清器时放空后的重新加注量	净注入量
4.2升 (4.4 US qts, 3.7 lmp qts)	3.9升 (4.1 US qts, 3.4 lmp qts)	4.7升 (5.0 US qts, 4.1 lmp qts)

(2) 设备器材：常用工具一套、机油滤清器专用工具、棘轮扳手、定扭扳手(见图6-7)。

(a) 常用工具(一套)　　(b) 机油滤清器专用工具
SST09228-06501

(c) 棘轮扳手　　(d) 定扭扳手

图6-7 设备器材

(3) 场地设施：带消防设施的场地。

(4) 设备设施：2007款卡罗拉1.6L/AT轿车、发动机台架、工具车、标保工具车、零件车、垃圾桶。

(5) 耗材：干净抹布、泡沫清洁剂。

（二）操作步骤

拆卸机油滤清器

图 6-8 打开机油加注口盖

1. 拆卸机油滤清器
（1）排空发动机机油。
① 打开机油加注口盖，见图 6-8。

图 6-9 拧松放油螺栓

② 使用套筒、棘轮扳手拧松放油螺栓，在放油螺栓正下方放置机油收集容器，再用手轻旋下放油螺栓，见图 6-9，将机油排放到机油收集容器中。

注意事项

◇ 排放时，注意机油不要流到手上，以免烫伤手；
◇ 废机油中有多种有害物质，不要长时间接触。

图 6-10 安装新衬垫

③ 清洗放油螺栓，并用新衬垫加以安装，安装扭矩为 37 N·m，见图 6-10。

注意事项

◇ 检查衬垫是否被同时取下，若无，检查是否还粘在螺纹孔处；
◇ 要遵循原厂规定安装新衬垫。

④ 清洁放油螺栓处的油污,见图6-11。

图6-11　清洁油污

(2) 拆卸机油滤清器。

① 用棘轮扳手和机油滤清器专用工具拆下机油滤清器,见图6-12。

② 机油滤清器放置在机油收集容器上。

图6-12　拆卸机油滤清器

注意事项

◇ 拆卸机油滤清器时,必须戴好防护手套;
◇ 操作时,注意机油不要流到手上,以免烫伤。

2. 安装机油滤清器

(1) 清洁机油滤清器底座。

检查并清洁机油滤清器的安装面。将残留在机油滤清器座上的机油擦拭干净,见图6-13。

图6-13　擦拭残留的机油

注意事项

◇ 更换新的机油滤清器前,要注意检查是否存在损坏变形。

(2) 更换新的机油滤清器。

在新机油滤清器衬垫上涂抹一层干净的发动机机油,见图6-14。

图6-14　涂抹机油

图 6-15　拧紧机油滤清器

（3）安装新的机油滤清器。

用手将新的机油滤清器轻轻地旋到位并拧紧，直到衬垫开始接触机油滤清器底座，见图 6-15。

注意事项

◇ 安装时要对好螺纹并轻轻地旋转入，直到衬垫开始接触机油滤清器底座为止。

图 6-16　紧固机油滤清器

（4）紧固机油滤清器。

使用定扭扳手和机油滤清器专用工具紧固机油滤清器。扭矩为 18 N·m，见图 6-16。安装好后，要注意清洁其表面。

图 6-17　清洁机油滤清器

（5）清洁机油滤清器。

用干净的抹布擦拭放油螺栓和机油滤清器与发动机连接的缝隙处，查看是否存在机油泄漏现象，见图 6-17。

图 6-18　处理废弃机油

（6）机油收集桶归位。

将废弃的机油环保处理，见图 6-18。

1. 机油滤清器组成
机油滤清器主要由上盖、壳体、滤芯、内孔管、旁通阀等组成。

2. 机油滤清器功用
机油滤清器的旁通阀可以防止发动机断油现象的发生。

3. 拆装机油滤清器的主要步骤
排空发动机机油、拆卸机油滤清器总成；安装机油滤清器总成、加注发动机机油、检查机油是否泄漏。

4. 机油滤清器拆装作业中需要注意以下几点
（1）安装放油螺栓时的扭矩是 37 N·m。

（2）拆卸机油滤清器时，使用棘轮扳手和机油滤清器专用工具拆下机油滤清器。

（3）安装机油滤清器前，先对机油滤清器密封圈上抹一层机油以起到密封作用。

（4）安装机油滤清器时，使用定扭扳手和机油滤清器专用工具紧固机油滤清器，安装扭矩为 18 N·m。

（一）课堂练习

1. 判断题

（1）机油滤清器主要由上盖、壳体、滤芯、内孔管、旁通阀等组成。（   ）

（2）在新机油滤清器的衬垫上需要涂抹一层干净的发动机机油。（   ）

（3）穿戴好防护服和手套，用肥皂和水彻底清洗皮肤，或使用免水型洗手剂清除所用的发动机机油。切勿使用汽油、稀释剂或溶剂。（   ）

（4）选用机油滤清器专用工具（SST09228-06501）安装机油滤清器的拧紧扭矩是 16 N·m。（   ）

2. 单选题

（1）选用机油滤清器专用工具（SST09228-06501）安装机油滤清器的拧紧扭矩是（   ）。

    A. 18 N·m   B. 19 N·m

    C. 20 N·m   D. 24 N·m

（2）机油滤清器阻塞时，其旁通阀打开，机油直接流向（   ）。

    A. 机油泵   B. 油底壳   C. 主油道   D. 气缸壁

（二）技能评价

表 6-4 技能评价表

序号	内　容	分值	得分
1	将棘轮扳手与机油滤清器专用工具进行组合	10	
2	使用组合好的机油滤清器扳手拆卸机油滤清器	10	
3	更换新的机油滤清器	10	
4	在新的机油滤清器上涂抹一层机油	10	
5	清洁机油滤清器座表面	10	
6	用手将机油滤清器安装回机油滤清器底座，轻轻地旋到位并拧紧，并使衬垫开始接触机油滤清器底座	10	
7	将定扭扳手与机油滤清器专用工具进行组合	10	
8	使用扭力扳手调节扭矩：18 N·m	20	
9	使用组合好的机油滤清器扳手紧固机油滤清器	10	
	总分	100	

（注：操作正确即得分，操作错误或未操作得 0 分）

学习任务 3　机油泵拆装

任务目标

任务目标
◎ 能够描述润滑系统中机油泵的功用、类型。
◎ 能够描述转子式机油泵的结构、工作原理。
◎ 能够描述机油泵限压阀工作原理。
◎ 规范、熟练地完成机油泵拆卸作业。

学习重点
◎ 转子式机油泵工作原理及其拆装的任务实施。

知识准备

1. 机油泵功用

机油泵的功用是保证机油在润滑系统内循环流动,并在发动机任何转速下都能以足够高的压力向润滑部位输送足够数量的机油。

2. 机油泵类型

机油泵可分为齿轮式机油泵和转子式机油泵,见图 6-19,本任务主要讲解转子式机油泵的拆装。

（a）齿轮式机油泵　　　　　　（b）转子式机油泵

图 6-19　机油泵类型

3. 转子式机油泵结构

转子式机油泵主要由内转子、外转子、壳体、机油泵盖、限压阀等零件组成,见图 6-20。

图 6-20 转子式机油泵结构

4. 转子式机油泵工作原理

转子式机油泵的内转子带动外转子转动,且转速快于外转子。内外转子之间形成四个互相封闭的工作腔,每个工作腔在最小时与壳体上的进油孔接通,随后容积变大,形成真空(负压),吸入机油;转子继续转动,工作腔容积变小,油压升高,当工作腔与出油孔接通时,压出机油。见图 6-21。

图 6-21 转子式机油泵工作原理

5. 机油泵限压阀工作原理

限压阀用于限制润滑系中机油的最高压力。当机油泵与主油道上的机油压力超过预定的压力时,机油压力克服限压阀弹簧作用力,顶开阀门,一部分机油从侧面通道流入油底壳内,使油道内的油压下降至设定的正常值。见图 6-22。

项目六　润滑系统构造与拆装

（a）压力正常时，限压阀关闭

① 限压阀
② 回油道
③ 机油压力表
④ 主油道
⑤ 机油泵

（b）压力超标时，机油压力顶开阀门

图 6-22　机油泵限压阀工作原理

（一）实施方案

1. 质量要求

参照厂家的质量标准要求。

2. 组织方式

每四位同学一组，按照企业岗位操作规范在 2007 款卡罗拉 1.6L/AT 轿车 1ZR-FE 发动机的润滑系统上找到机油泵所处的位置，识别其整体外形结构，并对机油泵进行拆装作业。每组作业时间为 45 分钟。

3. 作业准备

（1）技术要求与标准：

按照汽车维修安全规范操作要求，在规定时间内，在台架或实车上完成润滑系统机油泵拆装。

（2）设备器材：常用工具一套、曲轴皮带轮螺栓（见图 6-23）。

(a) 常用工具（一套）　　(b) 曲轴皮带轮螺栓　　(c) 曲轴皮带轮螺栓

图 6-23　设备器材

（3）场地设施：带消防设施的场地。

（4）设备设施：1ZR-FE 发动机台架、工具车、零件车、垃圾桶。

（5）耗材：干净抹布、泡沫清洁剂。

（二）操作步骤

机油泵拆装

1. 拆卸机油泵

（1）拆卸发动机附件，见图 6-24。

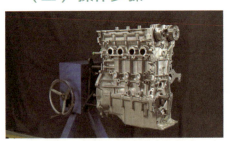

图 6-24　拆卸发动机附件

（2）拆卸发动机气缸盖，见图 6-25。

图 6-25　拆卸气缸盖

(3) 拆卸机油泵链条。

① 暂时紧固曲轴皮带轮,见图 6-26。

图 6-26　紧固曲轴皮带轮

② 顺时针转动曲轴 90°以便将机油泵主动轴链轮的调节孔对准机油泵槽口,见图 6-27。

图 6-27　调节孔对准机油泵

注意事项

◇ 曲轴旋转不要超过 90°。如果曲轴转动过多且没有安装正时链条,气门可能会碰撞到活塞并造成损坏。

③ 将一个直径为 4 mm 杆插入机油泵主动轴链轮的调节孔以便将齿轮锁定就位,见图 6-28。

图 6-28　将 4 mm 杆插入调节孔

④ 使用 12 mm 套筒、接杆、棘轮扳手拆下机油泵主动轴链轮螺母,见图 6-29。

图 6-29　拆下螺母

图 6-30 拆下固定螺母

⑤ 使用 10 mm 套筒、接杆拆下机油泵链条张紧器固定螺栓、链条张紧器盖板和弹簧,见图 6-30。

图 6-31 取下曲轴正时链轮

⑥ 取下曲轴正时链轮,见图 6-31。

图 6-32 取下链条

⑦ 取下机油泵主动轴齿轮和机油泵链条,见图 6-32。

图 6-33 拆卸曲轴位置信号盘

(4) 拆卸曲轴位置信号盘,见图 6-33。

图 6-34 拆卸油底壳

(5) 拆卸油底壳,见图 6-34。

(6) 拆卸机油泵。

使用 10 mm 套筒、接杆、棘轮扳手拆下三个机油泵固定螺栓,然后取下机油泵,见图 6-35。

图 6-35 拆卸机油泵

◇ 取下机油泵时需拿稳,以防砸落伤人或损坏部件。

2. 安装机油泵

(1) 安装机油泵。

使用 10 mm 套筒、接杆、扭力扳手紧固三个机油泵固定螺栓,安装扭矩为 21 N·m,见图 6-36。

图 6-36 安装机油泵

(2) 安装油底壳,见图 6-37。

图 6-37 安装螺栓

(3) 安装曲轴位置信号盘。

安装信号盘,使"F"标记朝前,见图 6-38。

图 6-38 安装信号盘

(4) 安装机油泵链条。

① 安装曲轴皮带轮固定螺栓,见图6-39。转动曲轴,使曲轴安装键垂直向上。

图6-39 安装固定螺栓

② 转动机油泵驱动轴,使驱动轴切口朝向右水平位置,见图6-40。

图6-40 转动机油泵驱动轴

③ 调整机油泵链条,使黄色链条标记对准每个齿轮的正时标记,见图6-41。

图6-41 调整机油泵链条

④ 用齿轮上的链条将链轮安装到曲轴和机油泵轴上。用螺母暂时紧固机油泵主动轴齿轮,见图6-42。

图6-42 紧固螺母

⑤ 将减振弹簧插入到调节孔,使用10 mm套筒、接杆、棘轮扳手安装链条张紧器固定螺栓,见图6-43。

图6-43 安装固定螺栓

⑥ 组合 10 mm 套筒、接杆、扭力扳手,紧固链条张紧器固定螺栓,扭矩为 10 N·m,见图 6-44。

图 6-44　紧固固定螺栓

⑦ 安装曲轴皮带轮固定螺栓,转动曲轴,将机油泵主动轴链轮的调节孔对准机油泵槽,见图 6-45。

图 6-45　调节孔对准机油泵槽

⑧ 将一个直径为 4 mm 的杆插入机油泵主动轴齿轮的调节孔以便将齿轮锁定就位,然后使用 12 mm 套筒、接杆、扭力扳手紧固机油泵主动轴齿轮固定螺母,扭矩为 28 N·m,见图 6-46。

图 6-46　紧固固定螺母

(5) 安装曲轴正时链轮,见图 6-47。

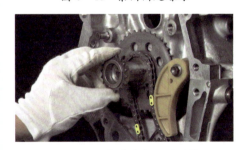

图 6-47　安装曲轴正时链轮

(6) 安装气缸盖,见图 6-48。

图 6-48　安装气缸盖

(7) 安装发动机附件，见图 6-49。

图 6-49　安装发动机附件

任务小结

1. 机油泵作用

机油泵作用是保证机油在润滑系统内循环流动，并在发动机任何转速下都能以足够高的压力向润滑部件输送足够数量的机油。

2. 机油泵分类

机油泵可分为齿轮式机油泵和转子式机油泵。转子式机油泵主要由壳体、内转子、外转子、限压阀等组成。

3. 转子式机油泵工作原理

转子式机油泵中，内外转子间形成四个互相封闭的工作腔，每个工作腔在最小时，容积变大，形成真空（负压），吸入机油；转子继续转动，容积变小，油压升高，压出机油。

4. 机油泵限压阀的作用

机油泵限压阀的作用是限制润滑系中机油的最高压力。当机油压力超标时，机油压力顶开阀门，使得一部分机油从侧面通道流入油底壳内，使油道内的油压下降至设定的正常值。

5. 机油泵拆卸作业的主要步骤

拆卸发动机附件、拆卸发动机气缸盖、拆卸机油泵链条、拆卸曲轴位置信号盘、拆卸油底壳、拆卸机油泵。（安装时按照相反的顺序）

6. 在机油泵拆卸作业中，需注意以下几点

(1) 拆卸机油泵链条时，要顺时针转动曲轴 90°以便将机油泵主动轴链轮的调节孔对准机油泵槽口。

(2) 机油泵螺栓安装扭矩 21 N·m。

(3) 安装信号盘，应使"F"标记朝前。

（一）课堂练习

1. 判断题

(1) 转子式机油泵主要由壳体、内转子、外转子、限压阀等组成。（　　）

(2) 黄色链条标记是对准每个齿轮的正时标记。（　　）

2. 单选题

(1) 安装机油泵 3 个螺栓的扭矩是(　　)。
　　A. 21 N·m　　　B. 25 N·m　　　C. 23 N·m　　　D. 22 N·m

(2) 限压阀用以限制润滑系中机油的什么压力？(　　)。
　　A. 最高　　　　B. 最低　　　　C. 最慢　　　　D. 最快

(3) 安装信号盘，使"F"标记朝(　　)。
　　A. 前　　　　　B. 后　　　　　C. 左　　　　　D. 右

(4) 机油滤清器安装在正时链条盖下部，主要由上盖、壳体、内孔管、(　　)、安全阀等组成。
　　A. 滤芯　　　　B. 内转子　　　C. 外转子　　　D. 定子

（二）技能评价

表 6-5　技能评价表

序号	内　容	分值	得分
1	顺时针转动曲轴 90°以便将机油泵主动轴链轮的调节孔对准机油泵槽口	5	
2	将一个直径为 4 mm 杆插入机油泵主动轴链轮的调节孔以便将齿轮锁定就位	5	
3	使用 12 mm 套筒、接杆、棘轮扳手拆下机油泵主动轴链轮螺母	10	
4	使用 10 mm 套筒、接杆拆下机油泵链条张紧器固定螺栓、链条张紧器盖板和弹簧	10	
5	取下曲轴正时链轮、机油泵主动轴齿轮和机油泵链条、曲轴位置信号盘	10	
6	使用 10 mm 套筒、接杆、棘轮扳手拆下三个机油泵固定螺栓，然后取下机油泵	10	
7	使用 10 mm 套筒、接杆、扭力扳手按照 21 N·m 的扭矩安装机油泵	10	
8	安装曲轴位置信号盘，使"F"标记朝前	10	
9	安装机油泵链轮、曲轴链轮和机油泵链条	5	
10	安装机油泵链条张紧器固定螺栓、链条张紧器盖板和弹簧	10	
11	使用 12 mm 套筒、接杆、扭力扳手根据 28 N·m 的扭矩安装机油泵主动轴齿轮	10	
12	安装曲轴正时链轮	5	
	总分	100	

(注：操作规范即得分，操作错误或未进行操作即 0 分)

学习拓展

1. 润滑系统的润滑方式

润滑系统的润滑方式可分为：飞溅润滑和压力润滑，见图 6-50。

（1）飞溅润滑是指利用某些运动零件工作时从油底壳带起来的油滴对零件表面进行润滑的方式，如气缸壁表面的润滑等。

（2）压力润滑是指用机油泵将一定的润滑油源源不断地送到零件相互摩擦面的润滑方式，如凸轮轴轴承、曲轴轴承的润滑等。

(a) 飞溅润滑　　　　　　　　　　(b) 压力润滑

图 6-50　润滑系统的润滑方式

2. 机油喷嘴结构

机油喷嘴主要由安装架、油道、喷油孔等组成，见图 6-51。

图 6-51　机油喷嘴结构

3. 机油喷嘴功用

机油喷嘴的功用是向气缸内喷射机油,起到对缸体的冷却作用,见图6-52。

① 机油滤清器
② 机油喷嘴
③ 限压阀
④ 机油泵

图6-52 机油喷嘴功用

4. 机油冷却装置分类

机油冷却装置主要有风冷式和水冷式两种,见图6-53。

风冷式机油冷却器采用横流式结构,布置在冷却液散热器前,利用风扇风力使机油冷却。

水冷式机油冷却器布置于冷却液水路中,冷却液在芯子管中流动,机油在管外流动,利用冷却液的温度来控制机油的温度。

(a) 风冷式机油冷却器　　　(b) 水冷式机油冷却器

图6-53 机油冷却装置分类

5. 集滤器结构

集滤器是具有金属滤网的滤清器,主要由上壳体、滤网和防护罩等组成,见图 6-54。

图 6-54 集滤器结构

6. 集滤器工作原理

集滤器利用金属滤网过滤机油中较大颗粒的杂质,防止较大的颗粒杂质进入机油泵,见图 6-55。

图 6-55 集滤器工作原理

7. 齿轮式机油泵结构

齿轮式机油泵主要由机油泵链轮、前盖、轴承、定位销、齿轮组、机油泵体和后盖等组成,见图 6-56。

图 6-56 齿轮式机油泵结构

8. 齿轮式机油泵工作原理

主动齿轮带动从动齿轮旋转时,进油腔容积由于轮齿脱离啮合而增大,腔内形成一定的真空(负压),机油从进油口吸入;旋转的齿轮将齿间的机油带到出油腔,出油腔容积由于轮齿进入啮合而减小,油压升高,机油经出油口压出。见图 6-57。

图 6-57 齿轮式机油泵工作原理

项目七 汽油机燃油供给系统构造与拆装

项目导入

汽油机燃油供给系统的任务是根据发动机各种不同工况要求,配制出一定数量和浓度的可燃混合气,供入气缸,使之在临近压缩终了时点火燃烧后膨胀做功,最后将气缸内废气排至大气中。汽油机燃油供给系统工作状况的好坏,直接影响着汽车的动力性、经济性和环保性。

本项目通过对汽油机燃油供给系统主要机件的拆装作业,认识及理解其主要机件的结构和原理。

学习目标

素养目标

◇ 了解安全操作要求,养成安全文明操作的习惯。
◇ 养成组员之间互相协作的习惯。
◇ 实施操作结束后,清洁工具,并将工具设备归位,清洁场地。

技能目标

◇ 依据汽车维修操作要求,熟练规范地完成汽油燃油供给系统主要部件的拆装作业。

知识目标

◇ 描述燃油供给系统基本组成及其基本原理。
◇ 描述燃油供给系统各主要组成部件的结构、功用及其工作原理。

学习任务

学习任务 1
◇ 认知汽油机燃油供给系统

学习任务 2
◇ 电动燃油泵拆装

学习任务 3
◇ 喷油器拆装

学习任务 4
◇ 汽油滤清器拆装

学习任务 1　认知汽油机燃油供给系统

任务目标

任务目标
- 能够描述汽油机燃油供给系统作用、组成、类型。
- 指出燃油供给系统在发动机上所处的位置，能识别燃油供给系统主要部件的外形结构。

学习重点
- 汽油机燃油供给系统作用、组成、类型。

知识准备

1. 汽油机燃油供给系统的作用

（1）根据发动机各工况的不同要求，准确配置合适的空气与燃油的混合比；

（2）为汽车行驶储存一定里程的汽油；

（3）将燃烧做功后的废气排出。

2. 汽油机燃油供给系统组成

汽油机燃油供给系统主要是由燃油箱、电动燃油泵、燃油滤清器、燃油分配管、油压调节

图 7-1　燃油供给系统组成

器、喷油器和输油管等组成,见图 7-1,有的还设有油压脉动缓冲器。

3. 汽油机燃油供给系统类型

汽车发动机燃油供给系统按照控制方式不同,可以分为两种类型:一种是化油器式燃油供给系统,另一种是汽油喷射式燃油供给系统。化油器式燃油供给系统在汽油机传统供给系统中仍广泛应用,而汽油喷射式燃油供给系统在汽油机上已被普遍使用。

(1) 化油器式汽油机燃油供给系统如图 7-2 所示。

图 7-2 化油器式燃油供给系统

(2) 汽油喷射式燃油供给系统如图 7-3 所示。

图 7-3 汽油喷射式燃油供给系统

4. 汽油机燃油供给系统工作原理

电动燃油泵将燃油箱中的燃油泵入燃油滤清器。燃油滤清器对流过的燃油进行过滤，过滤后的燃油进入燃油分配管，在压力调节器的作用下，燃油分配管中的燃油压力维持在规定范围内。燃油分配管将燃油分配给各缸喷油器。喷油器根据电控单元的指令将燃油适时地喷入进气管中。当油路中油压升高时，油压调节器自动调节，将多余燃油返回油箱，从而保持送给喷油器的燃油压力基本不变。见图 7-4。

图 7-4　燃油供给系统工作原理

5. 燃油分配管

燃油分配管也被称作"共轨"，其功用是将燃油均匀、等压地输送给各缸喷油器。由于它的容积比较大，故有储油蓄压、减缓油压脉动的作用。燃油分配管结构见 7-5。

图 7-5　燃油分配管结构

(一)实施方案

1. 质量要求

参照厂家的质量标准要求。

2. 组织方式

每四位同学一组,按照企业岗位操作规范在 2007 款卡罗拉 1.6L/AT 轿车 1ZR-FE 发动机上查看燃油供给系统,并指出燃油供给系统主要零部件的外形结构及其所处的位置。每组作业时间为 __30__ 分钟。

3. 作业准备

(1) 技术要求与标准:

按照汽车维修安全规范操作要求,在规定时间内,在台架或实车上完成燃油供给系统主部件的拆装。

(2) 设备器材:常用工具一套(见图 7-6)。

(3) 场地设施:带消防设施的场地。

(4) 设备设施:2007 款卡罗拉 1.6L/AT 轿车、工具车、零件车、垃圾桶。

(5) 耗材:干净抹布、泡沫清洁剂。

常用工具(一套)

图 7-6 设备器材

(二)操作步骤

识别发动机燃油供给系统主要配件的外形结构及安装位置:

(1) 找出燃油供给系统在发动机上所处的位置,观察其整体外形结构;
(2) 找出燃油供给系统的燃油箱,观察其外形结构;
(3) 找出燃油供给系统的电动燃油泵,观察其外形结构;
(4) 找出燃油供给系统的燃油滤清器,观察其外形结构;
(5) 找出燃油供给系统的燃油分配管,观察其外形结构;
(6) 找出燃油供给系统的油压调节器,观察其外形结构;
(7) 找出燃油供给系统的喷油器,观察其外形结构;
(8) 能根据发动机(1ZR-FE)部件说出燃油供给系统输油管的循环路径。

1. 汽油燃油供给系统的组成

汽油燃油供给系统主要是由燃油箱、电动燃油泵、燃油滤清器、燃油分配管、油压调节器、喷油器和输油管等组成,有的还设有油压脉动缓冲器。

2. 汽车发动机燃油供给系统类型

汽车发动机燃油供给系统按照控制方式不同,可以分为两种类型:一种是化油器式燃油供给系统;另一种是电控燃油供给系统。

(一)课堂练习

1. 判断题

(1)汽油机燃油供给系统的主要功用是为发动机供油。(　　)

(2)汽车发动机燃油供给系统按照控制方式不同,可以分为两种类型:一种是化油器式燃油供给系统,另一种是汽油喷射式燃油供给系统。(　　)

(二)技能测评

表 7-1　技能评价表

序号	内　　容	分值	得分
1	找出燃油供给系统在发动机上所处的位置,观察其整体外形结构	10	
2	找出燃油供给系统的电动燃油泵,观察其外形结构	10	
3	找出燃油供给系统的燃油滤清器,观察其外形结构	10	
4	找出燃油供给系统的燃油分配管,观察其外形结构	20	
5	找出燃油供给系统的油压调节器,观察其外形结构	20	
6	找出燃油供给系统的喷油器,观察其外形结构	10	
7	能根据发动机(1ZR-FE)部件说出燃油供给系统输油管的循环路径	20	
	总分	100	

(注:操作正确即得分,操作错误或未进行操作即 0 分)

学习任务 2　电动燃油泵拆装

任务目标

任务目标
◎ 认识涡轮式电动燃油泵结构。
◎ 描述涡轮式电动燃油泵工作原理、燃油泵常见故障及影响。
◎ 依据汽车维修操作要求,规范、熟练地完成电动燃油泵的拆装作业。

学习重点
◎ 电动燃油泵拆装的任务实施。

知识准备

1. 涡轮式电动燃油泵结构

电动燃油泵是一种由小型直流电动机驱动的燃油泵,其作用是给电控燃油系统提供具有一定压力的燃油。涡轮式电动燃油泵结构主要由燃油泵电动机、涡轮泵、出油阀、卸压阀等组成。涡轮式电动燃油泵的特点是泵油量大、泵油压力高、供油压力稳定、运转噪声小、使

图 7-7　涡轮式电动燃油泵结构

用寿命长等,所以应用最为广泛。

2. 涡轮式电动燃油泵工作原理

电动燃油泵工作时,永磁电动机通电带动泵体旋转,将燃油从进油口吸入,燃油经电动燃油泵内部,再从出油口压出,给燃油系统供油。电动燃油泵的转速和泵油量由外加电压决定,通常情况下为恒定值。见图 7-8。

涡轮旋转时,涡轮内的汽油随同一起高速旋转,出油口处的油压增高,进油口处油压降低,从而使汽油从进油口处吸入,从出油口流出。

图 7-8 涡轮式电动燃油泵工作原理

在电动燃油泵的出油口处设有一个止回阀,可以在发动机熄火后,防止燃油倒流,以保持燃油供给系统有一定的残余压力,便于下次起动。

在电动燃油泵的进油口或出油口处设有一个安全阀,可在燃油滤清器或高压管路阻塞等意外情况发生时打开而泻压,从而保护直流电动机。

在电动燃油泵的进油口处安装有一个滤网,可防止杂质进入燃油泵造成卡死或密封不良。

(一) 实施方案

1. 质量要求

参照厂家的质量标准要求。

2. 组织方式

每四位同学一组，按照企业岗位操作规范在 2007 款卡罗拉 1.6L/AT 轿车 1ZR-FE 发动机的燃油供给系统上找到电动燃油泵所在的位置，识别其整体外形结构，并对电动燃油泵进行拆装作业。每组作业时间为 __90__ 分钟。

3. 作业准备

（1）技术要求与标准：

① 检查燃油系统前，需断开蓄电池负极端子。

② 拆解燃油泵和汽油滤清器，它们为不可重复使用零件。

③ 燃油泵自身内部电阻（20℃时）为 0.2~3.0 Ω。

④ 接智能检测仪时，点火开关需要处于关闭状态。

（2）设备器材：常用工具一套（见图 7-9）。

（3）场地设施：带消防设施的场地。

（4）设备设施：2007 款卡罗拉 1.6L/AT 轿车、工具车、零件车、垃圾桶。

（5）耗材：干净抹布、泡沫清洁剂。

常用工具（一套）

图 7-9 设备器材

（二）操作步骤

1. 拆卸电动燃油泵

（1）燃油系统卸压。

① 起动发动机。在发动机自然停止后，将点火开关置于 OFF 位置。

② 再次启动发动机，确认发动机不起动。

③ 拆下燃油箱盖并释放燃油箱中的压力。

（2）拆下后排座椅垫，见图 7-10。

（3）拆卸后地板检修孔盖，见图 7-11。

更换燃油泵

图 7-10 拆下座椅垫

图 7-11 拆卸后地板检修孔盖

注意事项

◇ 注意铲刀角度，防止检修孔盖变形。

（4）断开蓄电池负极电缆，见图 7-12。

图 7-12 断开蓄电池负极电缆

（5）清洁燃油吸油盘上部，见图 7-13。

图 7-13 清洁燃油吸油盘

（6）拆卸燃油箱主管，见图 7-14。

图 7-14 燃油箱主管位置

（7）拆卸 1 号燃油蒸发管，见图 7-15。

图 7-15 拆卸 1 号燃油蒸发管

图 7-16　断开 1 号碳罐出口软管

(8) 断开 1 号碳罐出口软管,见图 7-16。

图 7-17　断开 2 号燃油管蒸发管

(9) 断开 2 号燃油箱蒸发管,见图 7-17。

图 7-18　拆下燃油泵及传感器固定圈

(10) 拆卸燃油泵及传感器固定圈,见图 7-18。

◇ 需要用燃油泵专用拆装工具及适用卡罗拉轿车发动机的 6 mm 六角套筒扳手。

图 7-19　取出燃油吸油管

(11) 取出燃油吸油管,见图 7-19。

(12) 拆卸燃油表传感器,见图 7-20。

图 7-20　拆卸燃油表传感器

(13) 拆卸燃油泵,见图 7-21。

图 7-21　拆卸燃油泵

2. 安装电动汽油泵

(1) 安装燃油泵。

① 在新的 O 形圈上涂抹汽油,然后将其安装到燃油滤清器上,见图 7-22。

图 7-22　O 形圈安装位置

图 7-23 连接燃油泵线束

② 连接燃油泵线束,见图 7-23。

图 7-24 接合燃油泵卡爪

③ 接合 5 个燃油泵卡爪,见图 7-24。

 注意事项

◇ 不要拆下吸油滤清器。
◇ 如果已从燃油泵上拆下吸油滤清器,则要使用燃油泵或吸油滤清器。

图 7-25 接合卡爪

④ 接合 1 号吸油管支架的 2 个卡爪,见图 7-25。

⑤ 接合吸油管支架的2个卡爪,并将燃油滤清器和燃油泵安装到副燃油箱上,见图7-26。

图7-26 接合支架卡爪

⑥ 将燃油泵滤清器软管槽对准副燃油箱的切口并安装软管,见图7-27。

图7-27 软管槽对准邮箱切口

⑦ 连接燃油泵线束连接器。
⑧ 连接2个线束卡夹,见图7-28。

图7-28 连接线束

(2) 安装燃油表传感器,见图7-29。

图7-29 安装燃油表传感器

(3) 安装燃油吸油管。

① 将新衬垫安装到燃油箱上,见图7-30。

图7-30 安装新衬垫

② 将燃油吸油管固定到燃油箱上,并确保燃油传感器臂没有弯曲。

③ 将燃油吸油管凸出部分对准燃油箱槽口,见图7-31。

图7-31 对准燃油箱槽口

④ 用手固定燃油吸油管以防止其倾斜,将燃油泵仪表挡圈和燃油箱上的开始标记对准,并用手拧紧燃油泵仪表挡圈180°,见图7-32。

图7-32 对准标记

⑤ 用6 mm六角套筒扳手,将SST安装到燃油泵仪表挡圈上,见图7-33。

SST 09808 - 14020（09808 - 01410,09808 - 01420,09808 - 01430）

图7-33 使用六角套筒扳手

◇ 将 SST 槽口插入燃油泵仪表挡圈助片。
◇ 安装 SST 时,用手固定燃油吸油管总成以防止衬垫从燃油吸油管脱落。

⑥ 从燃油箱上的开始标记紧固燃油泵仪表挡圈约 450°,使挡圈上的开始标记落在如图 7-34 所示的范围内。

SST 09808-14020(09808-01410,09808-01420,09808-01430)

图 7-34 紧固燃油泵仪表挡圈

(4) 连接汽油箱 2 号蒸发管。

将燃油箱 2 号蒸发管连接至燃油吸油管,见图 7-35。

图 7-35 连接汽油箱 2 号蒸发管

(5) 连接 1 号炭罐出口软管。

将 1 号碳罐出口软管连接至燃油吸油管,见图 7-36。

图 7-36 连接 1 号碳罐出口软管

图 7-37 使用卡子

（6）连接1号燃油蒸发管。

用卡子将1号燃油蒸发管连接至燃油吸油管，见图7-37。

> **注意事项**
> ◇ 在工作前，检查并确认燃油管接头的连接部分和螺栓周围没有痕迹或异物。
> ◇ 安装油管接头卡子后，检查并确认燃油箱主管不能被退出。

图 7-38 连接燃油箱主管

（7）连接燃油箱主管，见图7-38。

① 将燃油管接头推入燃油吸油盘的螺栓里，然后安装油管接头卡子。

② 连接油泵连接器。

(8) 连接蓄电池负极端子,见图7-39。扭矩为5.4 N·m。

图7-39 连接蓄电池负极端子

(9) 安装后地板检修孔盖(见图7-40)和后排座椅坐垫。

图7-40 安装孔盖

任务小结

1. 涡轮式电动汽油泵组成
涡轮式电动汽油泵主要由涡轮、转子、永久磁铁、换向器等组成。

2. 涡轮式电动汽油泵工作原理
涡轮旋转,涡轮内的汽油随同一起旋转,离心力作用下使出油口产生高压,进油口油压降低。

3. 拆装电动燃油泵
(1) 拆卸电动燃油泵的主要步骤:

拆下后排座椅垫;拆卸后地板检修孔盖;燃油系统卸压;断开蓄电池负极电缆;清洁燃油吸油盘上部;拆卸燃油箱主管;拆卸1号燃油蒸发管;断开1号碳罐出口软管;断开2号燃油箱蒸发管;拆卸燃油泵及传感器固定圈;取出燃油吸油管;拆卸燃油表传感器;拆卸燃油泵。

(2) 安装电动燃油泵的主要步骤:

检查燃油泵;安装燃油泵;安装燃油表传感器;检查电动汽油泵仪表挡圈的配合;安装燃油吸油管;连接汽油箱蒸发管;连接碳罐出口软管;连接燃油箱主管;连接蓄电池负极端子;检查燃油是否泄漏;安装后地板检修孔盖和后排座椅坐垫。

（一）课堂练习

1. 判断题

（1）涡轮式电动汽油泵主要由涡轮、转子、永久磁铁、换向器等组成。（　　）

（2）如果电动燃油泵断路继电器损坏，将不会影响燃油泵正常运转。（　　）

（3）燃油泵磨损会使燃油供给系统的泵油压力不足，导致发动机起动困难、动力不足、加速不良。（　　）

（4）电动燃油泵的进油口处装有一个滤网，是为了保护直流电动机。（　　）

2. 单选题

（1）丰田卡罗拉轿车发动机采用以下哪种类型的燃油泵？（　　）。
　　A. 涡轮式燃油泵　　　　　　　　B. 滚珠式燃油泵
　　C. 翼片式燃油泵　　　　　　　　D. 齿轮式燃油泵

（2）电动汽油泵在20℃状态下，标准电阻值为（　　）。
　　A. 0.1Ω～2.0Ω　　　　　　　　B. 0.2Ω～0.3Ω
　　C. 0.2Ω～3.0Ω　　　　　　　　D. 0.3Ω～4.0Ω

（二）技能评价

表7-2　技能评价表

序号	内　　容	分值	得分
1	拆下后排座椅垫总成	2	
2	拆卸后地板检修孔盖	3	
3	燃油系统泄压	2	
4	断开蓄电池负极端子电缆	5	
5	清洁燃油吸油盘总成上部	5	
6	拆卸燃油箱主管	5	
7	拆卸1号燃油蒸发管	5	
8	断开1号碳罐出口软管	5	
9	断开2号燃油箱蒸发管	5	
10	拆卸燃油泵及传感器固定圈	5	

续 表

序号	内　容	分值	得分
11	取出燃油系油管	5	
12	拆卸燃油表传感器	5	
13	拆卸燃油泵	5	
14	检查燃油泵	5	
15	安装燃油泵	5	
16	安装燃油表传感器	5	
17	安装燃油吸油管	5	
18	连接汽油箱蒸发管	5	
19	连接碳罐出口软管	5	
20	连接燃油箱主管	5	
21	连接蓄电池负极端子	5	
22	检查燃油是否泄漏	2	
23	安装后地板检修孔盖和后排座椅坐垫	3	
	总分	100	

(注：操作规范即得分，操作错误或未进行操作即 0 分)

学习任务 3　喷油器拆装

任务目标

◎ 描述喷油器结构、工作原理、控制电路图。
◎ 描述喷油器的常见故障及影响。
◎ 依据汽车维修操作要求，规范、熟练地完成喷油器的拆装作业。

学习重点
◎ 喷油器拆装作业的任务实施。

知识准备

1. 喷油器结构

卡罗拉轿车发动机使用的喷油器是电磁式喷油器，通过绝缘垫装在进气管上。它的作用是根据电控单元的指令将燃油以雾状的形态喷入进气管内。

喷油器一般由壳体、电磁线圈、复位弹簧、衔铁、针阀和滤网等组成，如图 7-41 所示为轴针式喷油器结构。喷油器的优点是针阀前端的轴针伸入喷孔，可使燃油以环状喷出，有利于雾化，且由于轴针在喷口中不断运动，故喷孔不易堵塞。缺点是燃油雾化质量稍差，且由于针阀质量较大，因而动态响应性较差。

2. 喷油器工作原理

发动机工作时，电控单元的喷油控制信号将喷油器的电磁线圈与电源回路接通。电磁线圈中有电流通过便产生磁场，磁芯被吸引，同磁芯为一体的针阀向上移动碰到调整垫时，针阀全开，燃油从喷口喷出。当没有电流通过电磁线圈时，在弹簧的作用下，使针阀下移压在阀座上并起密封作用。见图 7-42。

喷油器的喷油量与针阀行程、喷口面积、喷油环境压力及燃油压力等因素有关，但这些因素一旦确定后，喷油量就由针阀的开启时间，即电磁线圈的通电时间来决定。各喷油器的喷油持续时间由电控单元控制，当某缸活塞处于进气行程时，电控单元指令喷油器喷油。

图 7-41　电磁式喷油器结构

电磁线圈中无电流通过时，喷油器针阀在弹簧力作用下紧压在锥形密封阀座上。电磁线圈通电时，线圈处产生磁场将衔铁连同针阀向上吸起，喷油口打开，汽油喷出。

图 7-42　电磁式喷油器工作原理

（一）实施方案

1. 质量要求

参照厂家的质量标准要求。

2. 组织方式

每四位同学一组，按照企业岗位操作规范对 2008 款通用轿车 1.6L/AT 轿车 1ZR-FE 发动机上的燃油供给系统的喷油器进行拆装作业。每组作业时间为 __45__ 分钟。

3. 作业准备

（1）技术要求与标准：

① 拆拔喷油器线束之前，需要断开蓄电池负极。

② 发动机怠速时的喷油器持续时间 1.0～2.5 ms。

③ 喷油器线圈绕组电阻（20℃的条件下）为 11.6～12.4 Ω。

④ 喷油器的电源电压为 9～14 V。

（2）设备器材：常用工具一套（见图7-43）。

常用工具（一套）

图 7-43 设备器材

（3）场地设施：带消防设施的场地。

（4）设备设施：2007 款卡罗拉 1.6L/AT 轿车、工具车、零件车、垃圾桶。

（5）耗材：干净抹布、泡沫清洁剂。

（二）操作步骤

检查与更换喷油器

1. 拆卸喷油器

（1）拆卸发动机盖罩，见图 7-44。

图 7-44 拆卸发动机盖罩

（2）分离曲轴箱通风软管，见图7-45。

图7-45　断开通风软管

（3）拆卸发动机线束，见图7-46。

图7-46　拆卸发动机线束

（4）使用断开燃油管的专用工具，断开燃油管，见图7-47。

图7-47　断开燃油管

（5）拆卸输油管，见图7-48。拆卸喷油器。

图7-48　拆卸输油管

◇ 用塑料袋将喷油器包起来，以防异物进入。

图 7-49　安装 O 形圈

2. 安装喷油器

（1）将新的喷油器隔振垫安装至喷油器上，并在 O 形圈接触面上涂抹一薄层汽油。

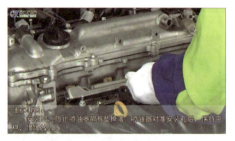

图 7-50　将喷油器安装到输油管上

（2）左右转动喷油器，以将其安装到输油管上，见图 7-50。

图 7-51　安装输油管隔垫

（3）安装输油管隔垫，见图 7-51。

图 7-52　安装输油管

（4）安装输油管，见图 7-52。

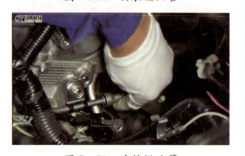

图 7-53　连接燃油管

（5）连接燃油管，见图 7-53。

(6) 连接发动机线束,见图 7-54。

图 7-54　连接发动机线束

(7) 连接蓄电池负极端子,见图 7-55。

图 7-55　连接蓄电池负极端子

(8) 检查燃油是否泄漏,见图 7-56。

图 7-56　检查燃油是否泄露

任务小结

1. 电磁喷油器组成
电磁喷油器主要由电磁线圈、衔铁、连接器、针阀、进油滤网等组成。

2. 电磁喷油器工作原理
(1) 电磁线圈中无电流通过时,喷油针阀在弹簧力作用下紧压在锥形密封阀座上。

(2) 电磁线圈通电时,线圈处产生磁场将衔铁连同针阀向上吸起,喷油口打开,汽油喷出。

3. 拆装喷油器的主要步骤
(1) 拆卸喷油器主要步骤:

拆卸发动机盖罩;分离曲轴箱通风软管;拆卸发动机线束;使用专用工具,断开燃油管;拆卸输油管,拆卸喷油器。

(2) 安装喷油器的主要步骤：

将新的喷油器隔振垫安装至喷油器上，并在 O 形圈接触面上涂抹一薄层汽油；左右转动喷油器，以将其安装到输油管上；安装输油管隔垫；安装输油管；连接燃油管；连接发动机线束；连接蓄电池负极端子；检查燃油是否泄漏。

任务评价

（一）课堂练习

1. 判断题

（1）电磁式喷油器主要由电磁线圈、衔铁、连接器、针阀等组成。（　　）

（2）卡罗拉汽车发动机使用的喷油器是电磁式喷油器。（　　）

（3）电动喷油器阀口积污会导致发动机冒黑烟。（　　）

（4）电磁式喷油器的缺点是燃油雾化质量较差，且由于针阀质量较大，因而动态响应性较差。（　　）

2. 单选题

（1）喷油器的喷油量主要取决于喷油器的（　　）。

　　A. 针阀升程　　　　　　　　B. 喷孔大小

　　C. 内外压力差　　　　　　　D. 针阀开启的持续时间

（2）将新的喷油器隔振垫安装至喷油器上，并在 O 形圈接触面上涂抹一薄层（　　）。

　　A. 机油　　　B. 润滑油　　　C. 汽油　　　D. 黏合剂

（二）技能评价

表 7-3　技能评价表

序号	内　　容	分值	得分
1	拆卸发动机盖罩	5	
2	分离曲轴箱通风软管	10	
3	拆卸发动机线束	10	
4	使用专用工具，断开燃油管	10	
5	拆卸输油管，拆卸喷油器	10	
6	将新的喷油器隔振垫安装至喷油器上，并在 O 形圈接触面上涂抹一薄层汽油	5	
7	安装输油管隔垫	5	

续 表

序号	内　　容	分值	得分
8	安装输油管	10	
9	连接燃油管	10	
10	连接发动机线束	10	
11	连接蓄电池端子	10	
12	检查燃油管是否泄漏	5	
	总分	100	

(注：操作规范即得分，操作错误或未进行操作即0分)

学习任务 4　汽油滤清器拆装

任务目标

◎ 描述汽油滤清器结构、工作原理。
◎ 依据汽车维修操作要求,规范、熟练地完成汽油滤清器的拆装作业。

学习重点

◎ 汽油滤清器拆装作业的任务实施。

1. 汽油滤清器结构

汽油滤清器安装在电动燃油泵出口侧的油路中。它主要是由进出油管、滤芯、内孔管、座圈等组成,见图 7-57。滤芯采用菊花形结构,这种结构的特点是单位体积内过滤面积大。滤清器内经常承受 200—300 kPa 的燃油压强,因此,要求滤清器壳体及油管的耐压强度应在500 kPa 以上。

汽油滤清器的作用是清除燃油中的粉尘、铁锈等固体杂质,防止供油系统堵塞,减少机械磨损,提高发动机工作的可靠性。

图 7-57　汽油滤清器结构

2. 汽油滤清器工作原理

发动机工作时,汽油从滤清器的进口进入滤芯外围,带有杂质的汽油通过滤芯过滤后从出口出去。如果滤清器堵塞,将使油压降低,输油量减少,发动机不能正常工作,因此,汽油滤清器应按照规定周期进行更换。见图 7-58。

图 7-58 汽油滤清器工作原理

(一) 实施方案

1. 质量要求

参照厂家的质量标准要求。

2. 组织方式

每四位同学一组,按照企业岗位操作规范在 2008 款通用轿车的燃油供给系统的汽油滤清器进行拆装作业。每组作业时间为 __45__ 分钟。

3. 作业准备

(1) 技术要求与标准:

① 拆卸汽油系统中的任意一个部件之前都要对供油系统进行卸压。

② 拆卸汽油滤清器之前,需用抹布对汽油滤清器及连接管路进行清洁。

③ 安装汽油滤清器之前,注意汽油滤清器的安装方向,不能装反。

(2) 设备器材:常用工具一套(见图 7-59)。

常用工具(一套)

图 7-59 设备器材

(3) 场地设施：带消防设施的场地。

(4) 设备设施：2008款通用凯越轿车、发动机台架、工具车、标保工具车、零件车、垃圾桶。

(5) 耗材：干净抹布、泡沫清洁剂。

（二）操作步骤

更换燃油滤清器

1. 拆卸汽油滤清器

(1) 断开蓄电池负极电缆，见图7-60。

图7-60 断开蓄电池负极电缆

> **注意事项**
> ◇ 注意拆卸蓄电池负极电缆前需确保点火开关处于"OFF"位置。
> ◇ 在拆卸蓄电池负极前，要记录车辆相关信息（记录收音机电台、密码，时钟等信息），记录车辆的相关学习值。
> ◇ 蓄电池负极电缆拆卸后移放位置要固定好，不要与蓄电池负极相接触。

图7-61 拆下卡夹紧固螺丝

(2) 拆卸燃油滤清器紧固螺丝，见图7-61。

图7-62 拔出汽油滤清器进、出油管

(3) 拔出汽油滤清器进、出油管，见图7-62。

注意事项

◇ 拔出汽油滤清器油管前,应清洁进、出油管接口处,避免污物进入油罐内。

(4)取下汽油滤清器,见图7-63。

图7-63 取下汽油滤清器

 注意事项

◇ 取下汽油滤清器时禁止金属物敲击,拆下后,应注意不能与金属混合放置。

2. 安装汽油滤清器

(1)安装汽油滤清器,见图7-64。

图7-64 安装汽油滤清器

 注意事项

◇ 安装汽油滤清器时,汽油滤清器上的箭头标示必须指向出油管。
◇ 汽油滤清器安装到卡箍上后,在两端油管的接头处涂抹一层燃油,再安装燃油管连接器。

(2)安装汽油滤清器卡箍,见图7-65,并紧固螺丝。

图7-65 安装汽油滤清器卡箍

（3）连接蓄电池负极电缆，见图7-66。

图7-66 安装蓄电池负极

1. 汽油滤清器组成

汽油滤清器主要由进出油管、滤芯、内孔管、座圈等组成。

2. 汽油滤清器的作用

汽油滤清器的作用是清除汽油中的粉尘、铁锈等固体杂质，防止供油系统堵塞，减少机械磨损，提高发动机工作的可靠性。

3. 拆卸燃油系统任一部件时，需注意事项

（1）检查和维修燃油系统前，将电缆从蓄电池负极端子上断开。

（2）对燃油系统进行操作时，严禁吸烟或靠近明火。

（3）避免橡胶或皮制零件接触到汽油。

（一）课堂练习

1. 判断题

（1）汽油滤清器在发动机中起到过滤机油的作用。（　）

（2）汽油滤清器主要由壳体、油塞、滤芯、滤网等组成。（　）

（3）拆卸汽油滤清器时，可以直接拆卸，不需要对燃油系统进行卸压。（　）

（4）更换汽油滤清器之后，旧的O型圈可以继续使用，为了节约材料，不需要更换。（　）

（5）避免橡胶或皮制零件接触到汽油，所以要做好防止汽油喷出工作。（　）

2. 单选题

（1）在拆卸汽油滤清器时，拆卸的顺序是：（　）。

　　A. 先对燃油系统进行卸压　　　　B. 先对燃油管路进行清洁

　　C. 先拆卸汽油滤清器的固定支架　D. 任意拆卸

（2）拆下任何燃油系统零件之前需要注意：（　）。

A. 先对燃油系统进行卸压　　B. 严禁吸烟或靠近明火
C. 避免橡胶或皮制零件接触到汽油　　D. 以上全是

（3）对安装燃油滤清器描述正确的是（　　）。

A. 带箭头的一侧指向燃油箱　　B. 带箭头的一侧指向发动机
C. 箭头无论指向何方，都没关系　　D. 不确定

（二）技能评价

表 7-4　技能评价表

序号	内　　容	分值	得分
1	断开蓄电池负极电缆	10	
2	举升车辆	10	
3	拆卸汽油滤清器紧固螺丝	10	
4	拔出汽油滤清器进、出油管	10	
5	取下汽油滤清器总成	10	
6	安装汽油滤清器	10	
7	安装汽油滤清器卡箍并紧固螺丝	10	
8	降下车辆	10	
9	连接蓄电池负极电缆	10	
10	用抹布清洁汽油滤清器接头处的燃油，检查有无泄漏	10	
	总分	100	

（注：操作规范即得分，操作错误或未进行操作即 0 分）

学习拓展

（一）燃油箱

燃油箱用以贮存燃油，燃油箱的数目及容量随车型而异，普通汽车只有一个燃油箱，越野汽车则常有主、副两个燃油箱，以适应特殊要求。一般汽车油箱贮存的燃油可供汽车行驶 200 至 600 km。以汽油箱为例（见图 7-67），燃油箱主要组成：油箱盖、加油管、隔板、油量传感器、燃油管开关等，见图 7-68。

如果燃油箱没有燃油或燃油过少，仪表盘上的燃油报警灯会点亮，以便提醒驾驶员，燃油过少，需要及时添加燃油。

图 7-67 燃油箱位置

图 7-68 燃油箱结构

(二) 电动燃油泵类型

目前各车型装用的电动燃油泵按其结构不同,有涡轮式、滚柱式、齿轮式等,见图7-69。内置式电动燃油泵多采用涡轮式,外置式电动燃油泵则多数为滚柱式。外置式是将燃油泵安装在燃油箱外面的输油管中,而内置式是将燃油泵安装在燃油箱内。

图7-69 电动燃油泵类型

(三) 油压脉动缓冲器

当燃油泵泵油、喷油器喷射及油压调节器的回油平面阀开闭时,都将引起燃油管路中油压的脉动和脉动噪声。所以,油压脉动缓冲器的作用就是减小燃油管路中油压的脉动和脉动噪声,并能在发动机停机后保持油路中有一定的压力,以利于发动机重新起动。

油压脉动缓冲器的结构如图7-70所示,膜片将缓冲器分成空气室和燃油室两部分。当

图7-70 油压脉动缓冲器结构

发动机工作时，燃油从进油口流进燃油室，由出油口流出。压力脉动的燃油使膜片弹簧或张或弛，燃油室的容积则或增或减。从而消减了油压的脉动。发动机停机后，膜片弹簧推动膜片向上，将燃油挤出燃油室，以保持管路中有一定的油压。

（四）电控燃油供给系统控制功能

汽油机电控燃油供给系统对发动机混合气的配制与传统的燃油供给系统不一样，它以直接或间接测出的空气量信号为基础，计算出发动机燃烧必需的汽油量，通过控制喷油器的开启时间给发动机提供适量的燃油，控制精确的空燃比。汽油机电控燃油喷射系统，经历了半个多世纪的不断完善和发展，已经广泛应用于现代汽车的发动机上。

ECM 是发动机控制系统的核心部件。在 ECM 的存储器中存放了发动机各种工况的最佳喷油持续时间，在接受了各种传感器传来的信号后，经过计算确定满足发动机运转状态的燃油喷射量和喷射时间。ECM 还可以对多种信息进行处理，实现 EFI 系统以外其他诸多方面的控制，如点火控制、自诊断、故障备用程序启动、仪器显示等。电控燃油供给系统还有以下控制功能：

1. 喷油量控制

电子控制单元根据空气流量传感器或进气压力传感器、发动机转速传感器、进气温度传感器、冷却水温度传感器等提供的信号计算出喷油持续时间，因喷油器针阀的行程是一定的，故喷油量的大小决定于喷油器开启持续时间的长短，发动机各种工况的最佳喷油持续时间存储在电子控制单元的存储器中。所以，喷油量的控制即喷油器喷射时间的控制。

2. 喷油正时控制

在多数发动机中，喷油正时是不变的，但在电子控制间歇喷射系统中采用顺序喷射时，电子控制单元还要有燃油喷射系统的气缸辨别信号，根据发动机各缸的点火顺序和随发动机工况的不同而将喷油正时控制在最佳时刻。

3. 减速断油控制

汽车减速行驶时，驾驶员松开加速踏板，节气门关闭。此时电子控制单元会断开燃油喷射控制电路，停止喷油以降低排放和燃油消耗。

4. 限速断油控制

当发动机转速超过安全转速或汽车车速超过设定的最高车速时，电子控制单元将会在发动机临界转速或减速时断开燃油喷射控制电路，以停止喷油，防止超速。

5. 溢油消除控制

起动发动机时，若将加速踏板踩到底，系统将进行断油控制。

6. 冷起动喷油器喷油时间控制

为了提高低温时发动机的起动性能，有的汽车在进气总管上安装了一个冷起动喷油器，其喷油时间由热限时开关控制，或由电子控制单元和热限时开关同时控制，也可由电子控制单元单独控制。不过，大部分汽车现已取消了冷起动喷油器。

7. 汽油泵控制

在装有电控燃油喷射系统的汽车上，电子控制单元对油泵的控制有两种形式：一种是当点火开关打开后电子控制单元指令汽油泵运转 2~3 s，以产生必须的油压，若发动机没起动，电子控制单元将油泵控制电路断开，使油泵停止工作，在发动机起动和运转过程中，电子控制单元控制汽油泵正常工作；另一种形式是只有发动机运转时，油泵才工作。

8. 汽油泵泵油量控制

多数发动机例如丰田 7M-GE、7M-GTE，其油泵的泵油量是随发动机负荷的变化而变化的，即发动机在起动、高转速、大负荷工况时，油泵提高转速以增加泵油量；当发动机在低转速、中小负荷工作时，油泵低速运转，以减小电能消耗和油泵的磨损。

（五）汽油喷射系统类型——按喷射位置和时序的不同分类

按喷射部位的不同可分为缸内喷射（见图 7-72）和缸外喷射两种。缸内喷射是通过安装在气缸盖上的喷油器，将汽油直接喷入气缸内，这种喷射系统需要较高的喷射压力，约 3~5 MPa，因而喷油器的结构和布置都比较复杂。缸外喷射系统是将喷油器安装在进气管或进气歧管上，以 0.20~0.35 MPa 的喷射压力将汽油喷入进气管或进气道内，前者称进气管喷射（单点喷射）。后者称进气道喷射（多点喷射）。目前汽油机电控系统广泛采用的是进气道喷射，见图 7-71。进气道喷射（PFI）系统是每个气缸设置一个喷油器，各个喷油器分别向各缸进气道（进气门前方）喷油。这种喷射方式又称多点喷射（MPI）。

图 7-71 进气道喷射

图 7-72 缸内喷射

按喷射的连续性将汽油喷射系统分为连续喷射式和间歇喷射式。连续喷射是指在发动机工作期间，喷油器连续不断地向进气道内喷油，且大部分汽油是在进气门关闭时喷射的。这种喷射方式大多用于机械控制式或机电混合控制式汽油喷射系统。间歇式喷射是指在发动机工作期间，汽油被间歇地喷入进气道内。电控汽油喷射系统都采用间歇喷射方式，间歇式喷射可以分为同时喷射、分组喷射和顺序喷射，见图 7-73、7-74、7-75。

① ECU
② 喷油器

图 7-73　同时喷射

① ECU
② 喷油器

图 7-74　分组喷射

① ECU
② 喷油器

图 7-75　顺序喷射

项目八　发动机总成拆卸与安装

项目导入

发动机是由不同机构和系统组成的复杂机器,本项目是通过对发动机总成的拆装作业,来学习发动机拆装的综合知识,认识并理解发动机在汽车中的作用及其与汽车各部件的关系。

发动机的功能是为汽车运行提供动力

学习目标

素养目标
- 了解安全操作要求,养成安全文明操作的习惯。
- 养成组员之间互相协作的习惯。
- 实施操作结束后,清洁工具,并将工具设备归位,清洁场地。

技能目标
- 根据技术标准对发动机总成进行拆装。

知识目标
- 能够描述发动机总成拆卸与安装的步骤。
- 根据需要规范地使用发动机拆装的常用工具、专用工具。
- 按照汽车维修的操作流程,规范、熟练地完成发动机总成拆装作业。

学习任务

学习任务 1
- 发动机总成拆卸

学习任务 2
- 发动机总成安装

学习任务 1　发动机总成拆卸

任务目标
◎ 能描述发动机总成拆卸的要求。
◎ 了解发动机总成各个部件的拆卸顺序。
◎ 按照汽车维修操作要求,规范、熟练地完成发动机总成拆卸作业。

学习重点
◎ 发动机总成拆卸任务实施。

知识准备

1. 发动机总成拆卸要求

（1）穿戴工作服,严格按照汽车维修安全操作规程进行作业；

（2）拆装顺序上遵循"先装的后拆,后装的先拆,能同时拆就同时拆"的基本原则；

（3）拆卸零件要特别留意观察,并记录零件的安装方向、配装记号、损耗状况、做好零件的分类存放；

（4）拆卸后对于损坏的零件、垫圈之类要及时进行更换。

2. 发动机总成拆卸步骤

①拆卸发动机连接件；②分离转向中间轴；③拆卸前排气管总成；④拆卸前桥半轴总成；⑤拆卸前悬架横梁；⑥拆卸发动机总成；⑦拆卸起动机总成；⑧拆卸发电机总成；⑨拆卸自动传动桥总成。

（一）实施方案

1. 质量要求

参照厂家的质量标准要求。

2. 组织方式

每四位同学一组,采用分组合作的方式,对 2007 款卡罗拉汽车上的发动机(1ZR‐FE)总成进行拆卸,按照企业岗位操作规范进行作业。每组作业时间为__45__分钟。

3. 作业准备

(1) 技术要求与标准:

① 排放出的水、油液需收集到容器中,并按相关规定进行处理。

② 根据汽车维修规范流程拆卸发动机总成与相关部件的连接件。

③ 根据汽车维修规范流程拆卸发动机总成。

(2) 设备器材:常用工具一套、氧传感器扳手、曲轴皮带轮固定工具、结合法兰固定工具、主动轴螺母冲子、前桥半轴拉出器(见图 8‐1)。

(a) 常用工具(一套)　(b) SST 09224‐00010 氧传感器扳手　(c) SST 09213‐58013 曲轴皮带轮固定工具

(d) SST 09330‐00021 结合法兰固定工具　(e) SST 09930‐00010 主动轴螺母冲子　(f) SST 09520‐00031 前桥半轴拉出器

图 8‐1　设备器材

(3) 场地设施:带消防设施的场地。

(4) 设备设施:2007 款卡罗拉 1.6L/AT 轿车、举升机、发动机吊装专用工具、工具车、零件车、垃圾桶。

(5) 耗材:干净抹布、泡沫清洗剂。

（二）操作步骤

1. 拆卸发动机连接件

（1）燃油系统卸压。

① 拔下燃油泵保险丝或继电器。

② 拆下后排座椅座垫。

③ 拆下后地板检修孔盖，见图 8-2。

④ 起动发动机，待发动机管路燃油消耗殆尽，自行熄火后，将点火开关置于 OFF 位置。

图 8-2 拆下孔盖

拆卸发动机总成

> **注意事项**
>
> ◇ 拆卸燃油系统油管前，须先释放燃油系统压力以防燃油喷出。

⑤ 再次起动发动机，确认发动机不能运转，见图 8-3。

⑥ 从蓄电池端子断开电缆。

图 8-3 确认发动机不能运转

（2）排空水、油液。

① 排空发动机冷却液，见图 8-4。

图 8-4 排空冷却液

> **注意事项**
>
> ◇ 在发动机和散热器还没有冷却下来时，不要拆下散热器储液罐盖。

图 8-5 排空油液

② 排空自动传动桥油液。

a. 拆卸发动机底罩。

b. 拆下放油螺塞和衬垫,并排空自动传动桥油液,见图 8-5。

c. 安装新衬垫和放油螺栓(扭矩:49 N·m)。

③ 排空发动机机油。

图 8-6 拆卸 2 号气缸盖罩

(3) 拆卸散热器上空气导流板。

拆下 6 个卡子和散热器上空气导流板。

(4) 拆卸 2 号气缸盖罩。

握住气缸盖罩的后端并提起,以脱开罩后端的 2 个卡子。

继续提起罩,以脱开罩前端的 2 个卡子并拆下罩,见图 8-6。

注意事项

◇ 不要同时脱开前后卡子,同时脱开可能会使盖罩破裂。

图 8-7 拆卸空气滤清器

(5) 拆卸空气滤清器,见图 8-7。

① 断开质量空气流量计连接器。

② 断开 2 个卡夹。

③ 断开箍带和通风软管,并拆下空气滤清器盖。

图 8-8 拆卸蓄电池

(6) 拆卸蓄电池,见图 8-8。

① 先断开蓄电池负极端子,再断开蓄电池正极端子。

② 取下蓄电池。

③ 拆下蓄电池托盘及托架。

（7）分离发动机连接管路。

① 分离散热器进、出水软管，见图 8-9。

图 8-9　分离散热器进、出水软管

② 断开机油冷却器软管，见图 8-10。

图 8-10　断开机油冷却器软管

③ 断开加热器进、出水软管，见图 8-11。

图 8-11　断开软管

④ 断开燃油管，见图 8-12。

图 8-12　断开燃油管

◇ 将压缩机和软管移至一旁固定好，避免泄漏空调系统制冷剂。

图 8-13 拆卸螺母

图 8-14 拆卸多楔带

图 8-15 断开连接器

图 8-16 断开线束

图 8-17 固定方向盘

(8) 断开变速器控制拉索总成。

① 从控制拉索支架上断开控制拉索。

② 拆下螺母,并将控制拉索从控制杆上断开。

③ 拆下卡子并从控制拉索支架上断开控制拉索。

④ 拆下螺栓,并断开控制拉索的卡夹。

(9) 拆卸多楔带。

松开螺栓,然后拆下多楔带,见图 8-14。

(10) 分离带皮带轮的压缩机总成。

① 断开连接器,见图 8-15。

② 用"TORX"套筒扳手(E8),拆下带皮带轮的压缩机总成。

(11) 断开线束。

断开所有线束(见图 8-16)和连接器,确保车身和发动机之间没有任何线束连接。

2. 分离转向中间轴

(1) 固定方向盘。

用座椅安全带固定方向盘防止转动,见图 8-17。

(2) 拆卸转向柱孔盖消音板。

掀起地毯,见图 8-18,拆下 2 个卡子和转向柱孔盖消音板。

图 8-18 掀起地毯

(3) 分离 2 号转向中间轴总成。

① 拆下固定螺栓。

② 在 2 号转向中间轴总成与转向中间轴上做好装配标记。

③ 将 2 号转向中间轴从转向中间轴上分离,见图 8-19。

图 8-19 分离 2 号转向中间轴总成

(4) 断开转向柱 1 号孔盖分总成。

拆下卡子 A 和转向柱 1 号孔盖分总成,见图 8-20,并从车身上分离卡子 B。

图 8-20 断开转向柱 1 号孔盖分总成

3. 拆卸前排气管总成

(1) 断开加热型氧传感器。

① 断开氧传感器连接器,见图 8-21。

② 用 SST 从排气管总成上拆下氧传感器。

<u>SST 09224-00010 氧传感器扳手</u>

(2) 拆卸前排气管。

拆下 2 个排气管固定螺栓,拆下排气管支架,然后拆下排气尾管总成。

图 8-21 断开加热型氧传感器

4. 拆卸前桥半轴总成

(1) 拆卸前轮。

① 举升车辆至合适高度,检查前轮轮毂轴承是否松旷,转动是否正常。

② 选用冲击扳手、21 mm 冲击扳手专用套筒,按对角顺序依次拆卸车轮固定螺栓,见图 8-22。

③ 取下车轮,放至轮胎车中。

图 8-22 拆卸车轮固定螺栓

图 8-23 松开螺母紧锁部件

（2）拆卸前桥轮毂螺母。

① 使用 SST 和锤子，松开前桥轮毂螺母的锁紧部件，见图 8-23。

<u>SST 09930-00010 主动轴螺母冲子</u>

◇ 完全松开轮毂螺母的锁紧部分，否则会损坏驱动轴的螺纹。

图 8-24 拆卸螺母

② 施加制动的同时，拆下前桥轮毂螺母，见图 8-24。

（3）断开前轮轮速传感器。

① 拆下螺栓和卡夹，并分离前轮转速传感器。

② 拆卸螺栓，从转向节上分离前轮转速传感器。

◇ 防止异物黏在传感器端部，不要损坏转速传感器。
◇ 拆下转速传感器时，清洁转速传感器的安装孔和表面。

图 8-25 拆下螺母

（4）分离横拉杆接头分总成。

① 拆下开口销和螺母，见图 8-25。

图 8-26 将 SST 安装至横拉杆接头

② 将 SST 安装至横拉杆接头，见图 8-26。

<u>SST 09960-20010（09961-02060）球节拉出器组件</u>

③ 将 SST 固定在转向节上,见图 8-27,确保已绑紧 SST 的线绳以防其掉落,从转向节上分离横拉杆接头。

<u>SST 09960-20010(09961-02010)球节拉出器组件</u>

图 8-27 固定 SST

(5) 分离前稳定杆连杆总成。

从带螺旋弹簧的前减振器上拆下螺母并分离稳定杆连杆总成,见图 8-28。

图 8-28 分离连杆总成

◇ 如果球节随螺母一起转动,则使用六角扳手(6 mm)固定双头螺栓。

(6) 分离前悬架下臂。

拆下螺栓和 2 个螺母,从前下球节上分离前悬架下臂,见图 8-29。

图 8-29 分离前悬架下臂

(7) 分离转向节和车桥轮毂。

① 在半轴和车桥轮毂上做装配标记,见图 8-30。

图 8-30 做标记

图 8-31 使用塑料锤

② 使用塑料锤,见图 8-31,断开前桥总成。

◇ 不要将半轴从车桥总成过度推出。

图 8-32 拆卸前桥半轴总成

(8) 拆卸前桥半轴总成。
① 使用 SST 拆下前桥左半轴。
<u>SST 09520-00031 前桥半轴拉出器</u>
<u>SST 09520-01010 半轴拆卸工具连接件</u>
② 使用螺丝刀和锤子,拆下前桥右半轴,见图 8-32。

5. 拆卸前悬架横梁

(1) 拆卸飞轮壳底罩。

使用一字螺丝刀拆下飞轮壳底罩,见图 8-33。

图 8-33 拆卸飞轮壳底罩

(2) 拆卸传动板和变矩器离合器固定螺栓。

用扳手固定曲轴皮带轮螺栓,以拆下 6 个变矩器离合器固定螺栓,见图 8-34。

图 8-34 拆卸固定螺母

(3) 拆卸发动机前悬置支架下加强件。

① 拆卸发动机后部底罩。

② 拆下 2 个螺栓和发动机前悬置支架下加强件,见图 8-35。

图 8-35 拆卸发动机前悬置支架下加强件

(4) 拆卸悬架横梁加强件。

① 拆下 4 个螺栓和前悬架横梁加强件,见图 8-36。

② 拆下 3 个螺栓和前悬架横梁后支架。

图 8-36 拆卸悬架横梁加强件

(5) 拆卸前悬架横梁。

① 脱开 2 个卡夹和卡爪,见图 8-37,并从前悬架横梁分总成上分离氧传感器线束。

图 8-37 脱开卡夹与卡爪

② 用变速器千斤顶支撑前悬架横梁,见图 8-38。

图 8-38 用千斤顶支撑前悬架

③ 拆下 4 个螺栓(见图 8-39)、2 个螺母和前悬架横梁分总成。

图 8-39 拆下螺栓

6. 拆卸发动机总成

(1) 拆卸带传动桥的发动机总成。

① 举升车辆,固定发动机升降机,见图 8-40。

图 8-40 举升车辆

② 分别拆下发动机左、右两侧悬置隔震垫,见图 8-41。

图 8-41 拆下隔震垫

③ 将带传动桥的发动机从车辆上拆下,见图 8-42。

图 8-42 拆下传动桥

(2) 拆卸发动机隔振垫支架,见图 8-43。

① 分别拆卸发动机前、后侧悬置隔震垫支架。

② 分别拆卸发动机左、右侧悬置隔震垫支架。

图 8-43 拆卸隔震垫支架

7. 拆卸起动机总成

(1) 安装发动机支架。

① 拆下空燃比传感器支架,见图 8-44。

② 用 2 个螺栓安装 2 个发动机吊架(扭矩:43 N·m)。

图 8-44 拆下传感器支架

（2）拆卸传动桥壳侧盖。
（3）拆卸起动机。
① 分离 2 个线束卡夹，见图 8-45。

图 8-45　分离线束卡夹

② 拆下螺栓和线束支架。
③ 拆下端子盖，拆下螺母并断开端子 30，见图 8-46。
④ 断开连接器。拆下 2 个螺栓并拆下起动机总成。

图 8-46　拆下螺母

8. 拆卸发电机总成

① 拆下端子盖，见图 8-47，将线束从端子 B 上断开。
② 断开连接器和线束卡夹。
③ 拆下发电机和线束卡夹支架。

图 8-47　拆下端子盖

9. 分离自动传动桥总成

（1）分离自动传动桥。
拆下 7 个螺栓，从发动机上拆下自动传动桥，见图 8-48。

图 8-48　分离自动传动桥

（2）拆卸飞轮和隔垫圈。
按照对角顺序拆下 8 个螺栓，见图 8-49，并拆下后隔垫、传动板和前隔垫。

图 8-49　拆下螺栓

图 8-50　拆卸发动机线束

(3) 拆卸发动机线束，见图 8-50。

 任务小结

1. 发动机总成拆卸步骤

发动机总成拆卸作业的主要步骤：拆卸发动机连接件、分离转向中间轴、拆卸前排气管、拆卸前桥半轴、拆卸前悬架横梁、拆卸发动机总成、拆卸起动机、拆卸发电机、拆卸自动传动桥。

2. 发动机总成拆卸注意事项

(1) 发动机和散热器未冷却下来前，不要拆卸散热器盖，以免烫伤。

(2) 拆卸燃油系统油管前，须先释放燃油系统压力。

(3) 断开燃油管路后，用棉丝抹布盖住，以防燃油喷出或涌出。

(4) 排放出的油、液需收集到容器中，并按相关规定进行处理。

(5) 拆下压缩机后，将压缩机和软管移至一旁固定好，避免泄漏空调系统冷冻液。

 任务评价

（一）课堂练习

1. 判断题

(1) 发动机是一部热功转换的内燃机，它将燃料的化学能通过燃烧转化为热能，再将热能转化为机械能并对外输出动力。（　　）

(2) 发动机是汽车四大组成部分之一。（　　）

(3) 卡罗拉轿车发动机主要由两大机构四大系统组成。（　　）

(4) 拆卸蓄电池时，需要先断开正极再断开负极。（　　）

(5) 在发动机和散热器还没有冷却下来时，不要拆下散热器储液罐盖，避免烫伤。（　　）

(6) 拆卸压缩机，将螺栓螺母按顺序拆下后，需要将压缩机和软管移到一旁固定好，避免泄漏空调系统冷冻液。（　　）

(7) 前桥左半轴和右半轴的拆卸方法是相同的。（　　）

2. 单选题

（1）发动机是一部热功转换的内燃机，它在工作过程中依次进行了哪三种能量的转换？（　　）。

　　A. 化学能、机械能、热能　　　　B. 机械能、热能、化学能
　　C. 化学能、热能、机械能　　　　D. 机械能、化学能、热能

（2）以下哪项不是汽车的4大组成部分之一？（　　）。

　　A. 发动机　　　B. 底盘　　　C. 车壳　　　D. 电气设备

（3）发动机由两大机构五大系统组成，其中两大机构指配气机构和（　　）。

　　A. 曲柄连杆机构　　B. 活塞连杆机构　　C. 冷却机构　　D. 润滑机构

（4）分离横拉杆接头后，需以下哪种工具将其固定在转向节上以防掉落？（　　）。

　　A. 固定器　　　B. 胶带　　　C. 线绳　　　D. 黏合剂

（二）技能评价

表 8-1　技能评价表

序号	内　　容	分值	得分
1	拆卸发动机连接件	10	
2	分离转向中间轴	10	
3	拆卸前排气管总成	10	
4	拆卸前桥半轴总成	10	
5	拆卸前悬架横梁	10	
6	拆卸发动机总成	10	
7	拆卸起动机总成	10	
8	拆卸发电机总成	10	
9	分离自动传动桥总成	10	
10	做好"6S"工作	10	
	总分	100	

（注：操作正确即得分，操作错误或未进行操作即 0 分）

学习任务 2　发动机总成安装

任务目标
◎ 描述发动机总成安装的要求。
◎ 了解发动机总成各个部件的安装顺序。
◎ 按照汽车维修操作要求，规范、熟练地完成发动机总成安装作业。

学习重点
◎ 发动机总成安装任务实施。

知识准备

1. 发动机安装要求

（1）专用部件用专用工具进行安装，注意安装要求。有密封要求的地方要涂密封胶。

（2）安装过程中若部件被卡住了，不要强敲下去，应该拿出来仔细检查。正确安装的部件不会出现卡住的情况。

（3）安装时仔细检查不要漏装。安装完毕后要检查周围有无多余的零件。

（4）作业完成后要清洁工具，整理现场。

2. 发动机总成安装共有九个步骤

①安装自动传动桥总成；②安装发电机总成；③安装起动机总成；④安装发动机总成；⑤安装前悬架横梁；⑥安装前桥半轴总成；⑦安装前桥轮毂螺母；⑧安装前排气管总成；⑨连接转向中间轴；⑩安装发动机连接件。

（一）实施方案

1. 质量要求

参照厂家的质量标准要求。

2. 组织方式

每四位同学一组，采用小组合作的方式，对 07 款卡罗拉汽车上的发动机（1ZR-FE）总成进行安装,按照企业岗位操作规范进行作业。每组作业时间为 __45__ 分钟。

3. 作业准备

(1) 技术要求与标准:

① 安装发动机总成以及连接件前需进行清洗和检查。

② 根据汽车维修规范流程安装发动机总成与相关部件的连接件。

③ 根据汽车维修规范流程安装发动机总成。

(2) 设备器材:常用工具一套、氧传感器扳手、曲轴皮带轮固定工具、结合法兰固定工具(见图 8-51)。

(a) 常用工具(一套)

(b) SST 09224-00010 氧传感器扳手

(c) SST 09213-58013 曲轴皮带轮固定工具

(d) SST 09330-00021 结合法兰固定工具

图 8-51 设备器材

(3) 场地设施:有消防设施的场地。

(4) 设备设施:2007 款卡罗拉 1.6L/AT 轿车、举升机、发动机吊装专用工具、工具车、标保工具车、零件车、垃圾桶。

(5) 耗材:干净抹布、泡沫清洗剂。

(二) 操作步骤

1. 安装自动传动桥总成

(1) 安装发动机线束。

(2) 安装传动板和齿圈分总成。

① 用 SST 固定住曲轴。

__SST 09213-58013 曲轴皮带轮固定工具__

图 8-52 涂抹黏合剂

安装发动机总成

图 8-53 安装螺栓

SST 09330-00021 结合法兰固定工具

② 清洁螺栓和螺栓孔,在螺栓末端的 2 或 3 个螺纹上涂抹黏合剂,见图 8-52。

③ 安装前隔垫、传动板和后隔垫,均匀地紧固 8 个螺栓,见图 8-53。

螺栓紧固扭矩:88 N·m。

(3) 安装自动传动桥总成。

用 7 个螺栓将自动传动桥安装至发动机,见图 8-54。

螺栓紧固扭矩:30 N·m。

图 8-54 紧固螺栓

2. 安装发电机总成

(1) 安装线束卡夹支架。

用螺栓安装线束卡夹支架,见图 8-55。

螺栓紧固扭矩:8.4 N·m。

图 8-55 安装线束卡夹支架

(2) 安装发电机。

用 2 个螺栓暂时安装发电机总成。

(3) 安装连接器和线束卡夹。

① 用螺母将线束安装至端子 B 并安装端子盖。螺母紧固扭矩:9.8 N·m。

② 安装连接器和线束卡夹,见图 8-56。

图 8-56 安装连接器和线束卡夹

3. 安装起动机总成

(1) 安装起动机总成。

① 用 2 个螺栓安装起动机总成,见图 8-57。

螺栓紧固扭矩:37 N·m。

图 8-57 安装螺栓

② 连接连接器,用螺母连接端子,见图 8-58。
螺母紧固扭矩：9.8 N·m。

图 8-58 用螺母连接端子

(2) 关闭端子盖,用螺栓安装线束支架,见图 8-59。

螺栓紧固扭矩：8.4 N·m。

图 8-59 紧固螺栓

(3) 安装飞轮壳侧盖。
(4) 安装发动机隔振垫,见图 8-60。
① 安装发动机前、后、左、右悬置隔振垫。
螺栓紧固扭矩：95 N·m。
② 将空调支架安装至发动机悬置隔振垫。
螺栓紧固扭矩：9.8 N·m。
见图 8-61。

图 8-60 安装隔振垫

4. 安装发动机总成

(1) 将带传动桥的发动机总成和前悬架横梁放置在发动机升降机上。

图 8-61 紧固螺母

(2) 操作发动机升降机,将带传动桥的发动机总成和前悬架横梁举升至发动机左侧和右侧悬置隔振垫可以安装的位置,见图 8-62。

图 8-62 升至安装位置

图 8-63　安装左隔震垫

（3）使用贯穿螺栓和螺母，安装发动机左侧悬置隔振垫，见图 8-63。

螺栓紧固扭矩：56 N·m。

图 8-64　安装右隔震垫

（4）使用螺栓和两个螺母，安装发动机右侧悬置隔振垫，见图 8-64。

螺母 A 紧固扭矩：95 N·m。

螺母 B 紧固扭矩：52 N·m。

5. 安装前悬架横梁

（1）安装前悬架横梁。

① 用 4 个螺栓安装前横梁，见图 8-65。

螺栓紧固扭矩：96 N·m。

图 8-65　安装前横梁

② 用螺栓和螺母将发动机前悬置隔振垫安装至发动机前悬置支架，见图 8-66。

螺栓紧固扭矩：145 N·m。

图 8-66　安装前悬架隔振垫

（2）用变速器千斤顶支撑前悬架横梁，见图 8-67。

图 8-67　使用千斤顶

(3) 将 SST 交替插入前悬架横梁的左侧和右侧参考孔时,将左侧和右侧的 2 个螺栓 A、2 个螺栓 B 和 2 个螺母分步拧紧至各自的规定扭矩,见图 8-68。

螺栓 A 紧固扭矩:145 N·m。

螺栓 B 紧固扭矩:95 N·m。

螺母紧固扭矩:93 N·m。

(4) 接合 2 个卡夹和卡爪,将氧传感器线束安装至前悬架横梁分总成,见图 8-69。

图 8-68 紧固螺母

图 8-69 安装线束

(5) 安装发动机前悬支架下加强件。

① 用 3 个螺栓安装前悬架横梁后支架,见图 8-70。

螺栓 A 紧固扭矩:145 N·m。

螺栓 B 紧固扭矩:93 N·m。

图 8-70 紧固 A、B 螺栓

② 用 4 个螺栓安装前悬架横梁加强件。

暂时拧紧螺栓 A 和 B,并按 C、B、D、A 的顺序完全拧紧 4 个螺栓,见图 8-71。

螺栓紧固扭矩:96 N·m。

③ 用 2 个螺栓安装发动机前悬置支架下加强件,见图 8-72。

螺栓紧固扭矩:96 N·m。

图 8-71 安装螺栓

图 8-72 安装加强件

(6) 安装传动板和变矩器离合器固定螺栓。

① 在6个变矩器离合器固定螺栓尖头的2圈螺纹上滴几滴黏合剂,见图8-73。

图8-73 涂抹黏合剂

② 用扳手固定曲轴皮带轮螺栓,见图8-74。

③ 安装6个变矩器离合器固定螺栓。先安装黑色螺栓,再安装其余5个螺栓。

螺栓紧固扭矩：28 N·m。

图8-74 固定曲轴皮带轮螺栓

(7) 安装飞轮壳底罩。

安装飞轮壳底罩至自动传动桥,见图8-75。

图8-75 安装飞轮壳底罩

6. 安装前桥半轴总成

(1) 安装前桥半轴总成。

① 在内侧万向节轴花键上涂齿轮油,见图8-76,使开口侧向下安装卡环。

图8-76 涂抹齿轮油

② 对准轴花键,见图8-77,用铜棒和锤子敲进驱动轴。

图8-77 对准位置

注意事项

◇ 小心不要损坏油封、防尘套和防尘罩。

(2) 安装转向节和车桥轮毂。

对准装配标记,见图 8-78,并将前桥半轴总成连接至左前桥总成。

图 8-78 对准标配记号

(3) 安装前悬架下臂。

用螺栓和 2 个螺母将前悬架下臂连接至前下球节,见图 8-79。

螺栓紧固扭矩:89 N·m。

图 8-79 紧固螺母

(4) 安装前稳定连杆总成。

用螺母将前稳定连杆总成安装至带螺旋弹簧的前减振器,见图 8-80。

螺栓紧固扭矩:74 N·m。

图 8-80 安装前稳定连杆总成

 注意事项

◇ 如果球节随螺母一起转动,则使用六角扳手(6 mm)固定双头螺栓。

(5) 连接横拉杆接头分总成。

① 用螺母将横拉杆接头分总成连接至转向节,见图 8-81。

螺母紧固扭矩:49 N·m。

图 8-81 安装转向横拉杆球头

图 8-82 安装开口销

② 安装新的开口销,见图 8-82。

◇ 如果开口销孔未对齐,将螺母进一步拧紧 60°。

图 8-83 安装前饶性软管

(6) 安装前轮转速传感器。

① 用螺栓和卡夹将前轮转速传感器和前挠性软管安装至前减振器。先安装前挠性软管,见图 8-83,再安装轮速传感器线束支架。

螺栓紧固扭矩:29 N·m。

图 8-84 紧固螺栓

② 用螺栓将前轮转速传感器安装至转向节,见图 8-84。

螺栓紧固扭矩:8.5 N·m。

7. 安装前桥轮毂螺母

(1) 使用一字螺丝刀固定住制动钳,安装前桥轮毂螺母,见图 8-85。

螺母紧固扭矩:216 N·m。

图 8-85 固定制动钳

(2) 用冲子和锤子锁紧前桥轮毂螺母，见图 8-86。

图 8-86 使用冲子和锤子

8. 安装前排气管总成

(1) 安装前排气管，见图 8-87。

① 用塑料锤和木块敲入新的衬垫，直至其表面与排气歧管齐平。

② 安装排气管支架，然后用 2 个螺栓和 2 个压缩弹簧安装前排气管总成。

螺栓紧固扭矩：43 N·m。

图 8-87 安装前排气管

(2) 安装加热型氧传感器，见图 8-88。

图 8-88 安装传感器

9. 连接转向中间轴

(1) 安装转向柱 1 号孔盖分总成。

将卡子 B 连接至车身部分，并用卡子 A 将转向柱 1 号孔盖分总成安装至车身部分，见图 8-89。

图 8-89 安装孔盖

◇ 确保转向柱 1 号孔盖分总成唇口部分未损坏。

图 8-90 对齐装配标记

图 8-91 安装卡子

图 8-92 安装螺栓和卡子

图 8-93 安装螺母

图 8-94 用卡夹和锁止杆安装连接器

(2) 安装 2 号转向中间轴总成。

对齐 2 号转向中间轴总成和转向中间轴总成上的装配标记,见图 8-90,安装固定螺栓。

螺栓紧固扭矩:35 N·m。

(3) 安装转向柱孔盖消音板。

用 2 个卡子安装转向柱孔盖消音板,见图 8-91,并安装好地毯。

10. 安装发动机连接件

(1) 安装线束。

① 用螺栓和卡夹将搭铁线安装至发动机室导线,见图 8-92。

螺栓紧固扭矩:26 N·m。

② 用 2 个螺母安装线束,见图 8-93。

螺栓紧固扭矩:8.4 N·m。

③ 将线束连接器和线束卡夹连接至发动机室接线盒。

④ 用卡夹和锁止杆将连接器连接至发动机控制计算机,见图 8-94。

(2) 安装带皮带轮的压缩机总成。

① 使用"TORX"梅花套筒扳手(E8)，安装带皮带轮的压缩机总成。

螺栓紧固扭矩：9.8 N·m。

② 安装带皮带轮的压缩机总成，见图 8-95，并按规定顺序旋紧螺栓和螺母。

螺栓紧固扭矩：25 N·m。

③ 连接连接器。

(3) 安装多楔带，见图 8-96。

图 8-95　安装带皮轮的压缩机总成

图 8-96　安装多楔带

(4) 连接发动机管路。

① 连接燃油管连接器和燃油管，见图 8-97。

将燃油管连接器和管对准，然后将燃油管连接器推入，直至夹持器发出"咔嗒"声。如果连接过紧，则在燃油管顶部涂抹少量发动机机油。连接后，拉动管和连接器，以确保连接牢固。

② 用卡夹连接加热器进、出水软管，见图 8-98。

图 8-97　连接燃油管连接器

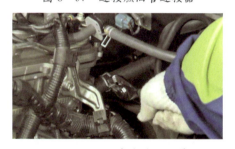

图 8-98　用卡夹连接软管

③ 连接单向阀软管接头，见图 8-99。

图 8-99　连接单向阀软管接头

图 8-100 连接机油冷却器软管

④ 连接机油冷却器软管,见图 8-100。

图 8-101 连接散热器软管

⑤ 连接散热器软管,见图 8-101。

(5) 安装变速器控制拉索总成。

① 用卡子将控制拉索固定至控制拉索支架,见图 8-102。

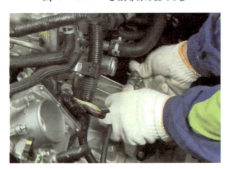

图 8-102 用卡子控制拉索总成

② 用螺母将控制拉索连接到控制杆上。

螺母紧固扭矩:12 N·m。

③ 将控制拉索连接到拉索支架上,见图 8-103。

图 8-103 控制拉索

④ 用螺栓连接控制拉索卡夹。

螺栓紧固扭矩:12 N·m。

(6) 安装蓄电池。

① 安装蓄电池托架,见图 8-104,连接水管。

托架固定螺栓紧固扭矩:19 N·m。

卡夹固定螺栓紧固扭矩:17 N·m。

螺母紧固扭矩:3.5 N·m。

图 8-104 安装蓄电池托架

② 连接线束卡夹。
③ 安装蓄电池卡夹。
螺栓紧固扭矩：17 N·m。
螺母紧固扭矩：3.5 N·m。
④ 安装蓄电池端子，见图 8-105。
螺栓紧固扭矩：5.4 N·m。

图 8-105　安装蓄电池端子

（7）安装空气滤清器。
① 使用 3 个螺栓，安装空气滤清器壳。
螺栓紧固扭矩：7.0 N·m。
② 将线束卡夹安装至空气滤清器壳。

图 8-106　安装空气滤清器滤芯

③ 安装空气滤清器滤芯，见图 8-106。
④ 安装空气滤清器盖分总成。
⑤ 用箍带连接通风软管，见图 8-107。
⑥ 连接 2 个卡夹，连接质量空气流量计连接器。

图 8-107　用箍带连接通风软管

（8）添加水、油、液。
① 添加自动传动桥油，见图 8-108。

图 8-108　添加自动传动桥油

② 加注发动机冷却液，见图 8-109。

图 8-109　加注发动机冷却液

图 8-110 添加发动机机油

③ 添加发动机机油,见图 8-110。

图 8-111 安装发动机底罩

(9) 安装发动机底罩。

安装发动机 2 号、1 号底罩,发动机后部左侧、右侧底罩,见图 8-111。

图 8-112 安装前轮

(10) 安装前轮,见图 8-112。
螺栓紧固扭矩:103 N·m。
(11) 安装 2 号气缸盖罩。
(12) 安装散热器上空气导流板。

知识链接

车用橡胶密封胶的趋势

橡胶件作为非轮胎橡胶部件,是汽车重要的配套产品,广泛应用在发动机系统、燃油系统、变速器、悬挂系统、车体密封以及电子电器等总成和零部件中,发挥着输送液气、减震、密封、防尘、传动以及电气绝缘等重要作用。

据统计,一辆普通乘用车大约有 400~500 个橡胶件,占汽车橡胶总质量的 40% 左右,占整车制造成本的 6% 左右。随着对汽车安全性、舒适性和稳定性要求的提高,橡胶件在汽车上的使用量也稳步上升。

(一) 胶管

胶管制品可分为燃油胶管、制动胶管、散热器橡胶管、空调胶管、助力转向胶管、涡轮增压胶管等,多分布在汽车底盘系统、发动机系统和车身系统三大总成系统中,发挥着输油、输气、供水、控制、传递动力、冷却、供暖等作用。

1. 燃油胶管

作为车用胶管中价值最高的橡胶软管,在汽车燃油系统中,通过连接油箱、炭罐、油泵、曲轴箱等零部件,一方面传递燃油至发动机燃烧做功,另一方面传递蒸发的油气、未参与燃烧的燃油、燃油废气至燃油净化系统燃烧或排放。随着油耗法规的日趋加严,传统三层结构的燃油胶管用材也不断被新的材料技术所替代。如要求具有低渗透率的内层胶,正由丁腈橡胶(NBR)逐渐向氟橡胶(FKM)、氟树脂(THV)特种橡胶的复合胶层转变;具有耐臭氧、耐油性与耐磨性的外层胶,也由氯丁橡胶(CR)或氯磺化聚乙烯橡胶(CSM)转变为乙烯丙烯酸酯橡胶(AEM)、氯磺化聚乙烯(CSM)、氯醚橡胶(ECO);4层、5层乃至更多层结构的复合胶管的也不断涌现。然而,多层结构胶管的出现虽然提高了胶管的高强耐磨性,但层间粘合性差又给燃油行业带来了新的困扰。

2. 制动胶管

作为汽车刹车系统中不可替代的一部分,主要用于传递制动力至汽车制动蹄或制动钳,保障制动力连续做功。根据制动液的不同,制动胶管又有石油基与非石油基之分。随着对制动性能要求的不断提高,以及新型材料的研发应用,制动胶管的内层胶已多由三元乙丙橡胶(EPDM)取代了丁苯橡胶(SBR),制动胶管的内层胶料也有了天然胶(NR)、丁腈橡胶(NBR)、氯丁橡胶(CR)、三元乙丙橡胶(EPDM)、特种橡胶等更多的选择。通常,外层胶料可选择天然胶(NR)、氯丁橡胶(CR)、三元乙丙橡胶(EPDM),对应内层选用丁腈橡胶(NBR)和三元乙丙橡胶(EPDM),中间层用棉线、涤纶、人造丝、芳纶等增强材料增强。

3. 散热器胶管

主要用于汽车发动机散热系统中传输冷却液,一方面将发动机工作产生的热量传递至散热器降温、传递至暖风机喂驾驶舱供热,另一方面将散热后的冷却液传送回发动机进行下一个热量循环。目前发动机燃烧控制先进技术的不断应用,使得发动机舱内的温度由原来的 110~125 ℃ 上升到 125~150 ℃,甚至高达 175 ℃,以往硫磺硫化体系的散热器胶管已经不再适应较高的温度,过氧化物体系的胶管应用日趋广泛。

4. 空调胶管

用于汽车空调制冷系统,通过传输不同压力、气液状态的制冷剂完成制冷循环,分纯橡胶、橡胶-树脂复合材料、纯树脂材料结构三种。目前采用最多的是橡胶-树脂复合结构,这种胶管内层胶由一层树脂和一层橡胶组成,曾被认为是新型汽车空调制冷剂 R134a 的最佳选择。

5. 助力转向胶管

应用于汽车转向系统,连接转向油壶、转向器、转向油泵等主要零部件,通过传输不同压力的助力转向油,实现对助力转向器的控制,从而提高来自方向盘的转向力。汽车的助力转向系统主要分为机械式转向系统(早已被淘汰)、液压助力转向系统、电子液压助力转向系统和电动助力转向系统四种。目前大部分新款乘用车均配置了电动助力转向系统,由于该助力转向系统由助力转向机直接提供转向助力,省去了液压系统部分,因此不含有助力转向软管,但在汽车维修后市场助力转向胶管仍有较大需求。

动力转向胶管接触介质是矿物油,要求耐热性能好、接头部位牢固。国外汽车动力转向系统最近发展趋势是采用高压泵、以及实现泵的小型化和高出力化,要求胶管提高耐热性和耐久性,内胶层具有良好的耐油性能,外胶层耐磨、耐热(150 ℃ 以上)、耐气候。这种胶管的内外胶层材料过去一般选用丁腈橡胶和氯丁橡胶,现在向氢化丁腈橡胶(HNBR)、氯磺化聚乙烯橡胶、氯化聚乙烯、丙烯酸酯橡胶方向发展。液压转向胶管新结构一般采用 HNBR 作内胶层,尼龙 66 作增强层,氯磺化聚乙烯橡胶作外胶层。与传统的胶管相比,这种胶管的使用寿命在 140 ℃ 条件下可提高 2 倍以上。为提高耐热性能,动力转向胶管也有使用氟橡胶的,但由于氟橡胶容易与油中某些添加剂起反应,因而应用受到一定的限制。

6. 涡轮增压橡胶管

应用于汽车发动机进气系统,连接增压器、中冷器、进气歧管等主要零部件,将经过涡轮增压器增压的热空气传递至中冷器降温后传递至进气歧管,为发动机燃烧提供充足的空气,增加燃烧效率。

(二)减震橡胶

近年来,为提高汽车的安全性、舒适性、操作性及汽车的使用寿命,汽车用减震橡胶制品的品种和数量不断增多。为了减少或消除震动源的震动,改善汽车操纵稳定性,橡胶减震制品又被分为支架类、轴衬类、缓冲类和阻尼类四大类,广泛应用于汽车发动机悬置、变速箱悬置及换挡阻尼橡胶、压杆装置、悬挂轴衬、中心轴承托架、悬架减震器和扭转减震器等零部件中。

如发动机悬置系统,在两块金属板之间夹有橡胶层,利用橡胶的压缩、剪切变形等达到缓冲目的。扭转减震器和变速器换挡阻尼橡胶,则通过橡胶的高黏态和高弹态,将振动转化为热能耗散掉,达到阻尼和减震目的。

(三)密封橡胶

油封作为汽车配件中最重要的部件之一,直接影响汽车的使用性和安全性。车用油封部件主要有:曲轴前/后油封、变速器油封(输入/输出轴油封、换挡轴油封)、传动轴中间支承油封、差速器油封、后桥半轴油封、前轮轮毂油封、后轮轮毂油封、气门阀杆油封等。对油封部件的要求一般是扭矩较低、密封性好、容许轴有一定的偏心度、耐一定高温、免维护、长寿命、结构优化、通过材料选择可适应多种介质等。

除油封外,密封橡胶的另一个主要应用为密封条,如车门密封条、前后风挡玻璃密封条、车窗玻璃导槽密封条、车窗水切、发动机舱密封条、行李舱密封条、天窗密封条等。常见的密封条主要有纯橡胶密封条、复合密封条两种,国产用材已由 CR 和 NR 橡胶逐渐被 EPDM 所替代,近期又被新型热塑性弹性体材料所替代。

(四) 传动皮带

传动皮带,主要包括汽车同步带、V 带和多楔带三种,用于发动机曲轴、凸轮轴、汽车风扇、起动机、电机、转向系统中,传递动力、运动或起正时作用。因 CR 橡胶具有良好的耐油、耐燃、耐氧化、耐臭氧性能,使得其近几年开始被 HNBR 材料所取代。现在汽车企业更加青睐选用 HNBR 作为同步带、V 带和多楔带的主体材料,这也与国外不谋而合。近些年国外已开发出以 AEM 为主体材料的同步带,其性能更加出色,工作温度可达 175℃。

目前,国内汽车用橡胶制品品种约 1200 种,规格 8500 多个,使得橡胶工业的发展与汽车工业的发展密不可分。汽车工业的节能、环保、健康发展,对橡胶配件提出了更高的要求,原本采用通用橡胶制造的橡胶配件已经不能满足现在的需求,必须采用特种橡胶代替。像三元乙丙橡胶(EPDM)、丙烯酸酯橡胶(ACM)、氯丁橡胶(CR)、氟橡胶(FKM)、硅橡胶(VMQ)、聚氨酯橡胶(AU)、氯醚橡胶(ECO)、氯化聚乙烯橡胶(CM)、丁腈橡胶(NBR)、氢化丁腈橡胶(HNBR)等橡胶材料逐渐成为橡胶制品的研究热点。

防振、减噪、提高车辆的行驶稳定性和乘坐舒适性,排气控制法规的日益严格,含醇燃料的使用,迫使橡胶零部件提高耐热、耐寒、耐油、耐老化等各项性能。加强高性能特种合成橡胶的开发应用,加大其应用研究力度,在产品品牌上实现系列化、专用化、精细化、高纯化,成为车用橡胶材料的发展方向。

任务小结

1. 发动机总成安装主要步骤

发动机总成安装作业的主要步骤有安装自动传动桥总成、安装发电机总成、安装起动机总成、安装发动机总成、安装前悬架横梁、安装前桥半轴总成、安装前排气管总成、连接转向中间轴、安装发动机连接件。

2. 发动机总成安装注意事项

(1) 装配前需对发动机总成和连接件进行清洁和检查。

(2) 安装传动板和齿圈分总成时,需在螺栓末端的 2 或 3 个螺纹上涂抹黏合剂。

(3) 用螺母将左侧横拉杆接头分总成连接至转向节时,若开口销孔未对齐,则需将螺母进一步拧紧 60°。

任务评价

(一) 课堂练习

1. 判断题

(1) 安装传动板和齿圈分总成时,需要在螺栓末端的 2 或 3 个螺纹上涂上润滑油。( )

(2) 安装前桥左半轴总成时,需要在内侧万向节轴花键上涂齿轮油。并对准轴花键,用铜棒和锤子敲进驱动轴。( )

(3) 安装传动板和变矩器离合器固定螺栓时,需先安装黑色螺栓,再安装其余 5 个螺栓。( )

(4) 连接左侧横拉杆接头分总成时,无需安装新的开口销。( )

(5) 安装前桥左半轴总成时,使开口侧向上安装卡环。( )

(6) 安装左前悬架横梁加强件时,可任意安装 4 个螺栓。( )

(7) 装传动皮带时,需先紧固螺栓再调节张紧力。( )

2. 单选题

(1) 连接左侧横拉杆接头分总成时,如果开口销孔未对齐,需将螺母进一步拧紧( )。
   A. 30°　　　　B. 60°　　　　C. 90°　　　　D. 135°

(2) 安装左前桥轮毂螺母时,需要用到锤子和以下哪个工具来锁紧前桥轮毂螺母?( )。
   A. 开口扳手　　B. 冲子　　　C. 固定器　　　D. 螺栓

(3) 发动机吊装过程中,不需要用到以下哪种工具设备?( )。
   A. 吊耳　　　　B. 发动机托架　C. 固定器　　　D. 吊装机

(4) 发动机吊架的安装扭矩为( )。
   A. 41 N·m　　B. 42 N·m　　C. 43 N·m　　D. 44 N·m

(二) 技能测评

表 8-2 技能评价表

序号	内　容	分值	得分
1	安装自动传动桥总成	10	
2	安装发电机总成	10	
3	安装起动机总成	10	
4	安装发动机总成	10	
5	安装前悬架横梁	10	

续 表

序号	内　容	分值	得分
6	安装前桥半轴总成	10	
7	安装前排气管总成	10	
8	安装转向中间轴	10	
9	安装发动机连接件	10	
10	做好"6S"工作	10	
	总分	100	

(注：操作正确即得分，操作错误或未进行操作即0分)